눈물이 나올지도 모르겠습니다만
어쩌면 실마리를 찾을지도

눈물이 나올지도 모르겠습니다만
어쩌면 실마리를 찾을지도

마음의 우물을
들여다보는 10편의
심리에세이

이즈미야 간지 지음 | 박재현 옮김

레드스톤

차례

'뿔' 잘린 사람들

우리 모두는 다른 사람과는 다른 '뿔'을 가지고 태어났다. 뿔이란 우리가 우리 자신임을 보여주는 상징이자 태어날 때부터 가지고 있는 보물로, 태생적 자질을 말한다.

뿔은 두드러지기 마련이라 사람들은 가장 먼저 그 뿔에 관심을 갖고 화제로 삼는다. 동물로서의 습성 때문일까? 집단에서는 뿔 때문에 꼬투리가 잡히거나 놀림을 당하는 등 주위의 먹잇감이 되기도 한다. 그런 일이 반복되다보면 어느 사이엔가 '이 뿔이 있어 살기 고단하다'고 생각하는 사람이 생겨난다.

자신이 자신다울 수 있는 것, 그 중심에는 뿔이 있다. 그런데 그것을 스스로 증오하고 장애물로 생각해 감추며 살아가면 자연히 삶 자체가 빛바래고 무의미하게 느껴지기 시작한다. 살아갈 에너지가 고갈되어 더는 삶을 꾸려나가지 못하게 된다.

나는 심리요법이나 카운슬링, 정신분석 등 정신요법을 전문으로 하는 정신과 의사로서 지금껏 각양각색의 수많은 사람들을 만나 상담해왔다. 그리고 최근 몇 년 사이에 이 같은 문제를 안고 있는 사람이 부쩍 많아졌다고 느낀다.

　미국의 극작가 테네시 윌리엄스의 희곡《유리 동물원》에는 집에만 틀어박혀 지내는 젊은 여성 '로라'가 등장한다. 로라는 유리로 만든 동물 컬렉션을 소중히 여기는데, 그중에서도 특히 아름다운 뿔을 가진 유니콘을 아낀다.

　사실 이 희곡은 작가 윌리엄스가 어찌할 바 모르는 슬픔 속에서 탄생시킨 작품이다. 로라라는 인물은 정신과에 입·퇴원을 반복하다 마침내 로보토미(전두엽 절제술)로 폐인이 되어버린 자신의 누나 로즈를 모델로 했다. 가족 중 가장 지성이 높고 온화했던 누나 로즈는 윌리엄스가 알지 못하는 사이에 부모의 승인 아래 뇌 수술을 받았다. 윌리엄스는 당시 대학에 다니느라 고향을 떠나 있었기 때문에 나중에야 그 사실을 알았고, 사랑하는 누나를 위해 아무것도 하지 못했다는 자책감에 괴로워했다.

　극중에서 로라가 소중히 여기던 유니콘이 사고로 바닥에 떨어져 그만 '뿔'이 부러지고 만다. 그때 로라는 이렇게 말한다.

　상관없어요. 아마도 신이 이런 식으로 축복을 내린 것인지 몰라요.

　수술을 받았다고 생각할래요. 뿔의 절단, 그 덕에 이 아이는 변종이라는 열등감을 더는 느끼지 않아도 되니까요. 앞으로는 뿔 없는 다른 말들과 좀 더 즐겁게 지낼 수 있을 거예요.

　　　　　　　　　　　　　　　　테네시 윌리엄스 《유리 동물원》 중에서

이 극에서 유리로 만든 유니콘은 어린 시절부터 다리가 불편해 줄곧 집안에만 틀어박혀 지내온 로라 자신에 대한 은유다. 변종이라며 열등감을 느끼던 것은 바로 순수하지만 깨지기 쉬운 자신이었다.

윌리엄스는 뿔의 절단을 '신의 축복'이라고 생각해야만 하는 로라에게 누나 로즈를 잃은 슬픔과 분노를 담아낸 것이다.

물론 현대 의료 현장에서 로보토미는 시행되지 않는다. 하지만 그와 다른 형태로 우리 주변에서 '눈에 보이지 않는 뿔의 절단'이 만연해 있다.

사회 곳곳에 다수파가 신봉하는 가치관이 스며들어 있다. 우리는 자신도 모르는 사이에 일종의 세뇌를 당하고 '스스로 느끼고 생각하는 것'에서 멀어진다.

뿔이 잘린 사람들은 처음에 느꼈을 거북함도 잊고 어느새 자신이 '보통'이기를 바라고 주위 사람이나 아이들에게도 똑같은 가치관을 전파하기 시작한다. 이렇게 '자신의 뿔을 잘라내고 보통이 되는 것이 곧 어른이 되는 것'이라는 세뇌가 점차 확대되어 간다.

이런 상황에 의문을 느끼고 고민하는 사람들도 있다. 그들 중에는 갈 길을 잃고 사회 부적응이나 심신의 부조화를 일으켜 나 같은 정신과 의사를 찾게 되는 경우도 드물지 않다.

뿔이 절단된 어른들을 보고 자란 사람들 중에는 인생의 이른 단계에서 삶의 의미와 의욕을 잃는 이들이 적지 않다. 이런 이들은 나날의 허무함을 곱씹으며 살아가다 강한 자기부정으로 스스로의 마음을 갉아먹고 자해 행위를 하거나 죽음을 원하기도 한다.

그러나 나는 이것을 사회적 문제로 생각하고 싶지는 않다. 사회 제도상의 문제를 제아무리 해결한다 해도 개개의 인간에 침투해 있는 기본적 가치관이 변하지 않는다면 문제는 두더지 잡기 놀이처럼 다른 곳에서 다른 형태로 분출할 것이기 때문이다.

따라서 지금 우리가 힘써야 하는 것은, 인간이라는 생물의 근원적인 특성을 깊이 이해하고 '스스로 느끼고 생각한다'는 기본에 맞게 살아가는 태도를 회복하는 일이다. 그러기 위해서는 사회가 가르치는 공식에 그저 수치를 대입하는 사고방식을 버리고, 지금껏 의심의 여지없이 믿었던 다양한 상식이나 지식을 다시금 곰곰이 생각해보는 작업이 필요하다.

이 책에는 그 실마리가 되는 여러 키워드나 이미지를 담았다. 이것들은 이제까지 내가 배운 심리학이나 정신의학 지식에서 일단 벗어나 실제 임상 현장에서 불현듯 떠오른 키워드나 이미지, 강연이나 강의 중에 입에서 불쑥 튀어나온 말들의 집성체다. 따라서 어떤 확고한 이론을 주장할 생각은 없다. 어떤 생각이든 그것은 '살아있는' 것이기에 장차 얼마든지 정정할 수도 있고 진화시켜갈 가능성도 있다. 심리학 시험 공부에는 일절 도움이 되지 않는 책이라는 점은 굳이 말할 나위도 없다.

이 책은 카운슬러나 의료직을 목표로 하는 사람들을 대상으로 개최했던 강좌나 강의에서 이야기한 내용을 근간으로 하기 때문에 치료나 병에 관한 이야기도 많다. 하지만 결코 전문가를 위해 쓴 책은 아니다.

본격적으로 마음의 문제에 대한 새로운 실마리를 찾는 사람이라면 치료사, 환자, 또 어떤 다른 입장에 있는 사람일지라도 분명 이 책에서 힌트를 얻게 될 것이다.

자, 이제 10회 연속 강의를 시작해보자.

병·고통이 주는 메시지

불행이라는 포장지에 싸인 선물

마음의 문제를 다루다 보면 신체적 진단을 하는 일반과 진료와는 조금 다른 특수한 주제들과 마주하게 된다.

예컨대 의뢰인이 겪고 있는 어려움에 대해 듣다 보면 오히려 '의뢰인 주변에 있는 사람들이 마음의 병을 앓고 있는 게 아닐까?' 하는 의문이 들 때가 있다. 실제로 의뢰인 자신만 병에 걸리지 않은 멀쩡한 상태라서 뒤틀린 주변에 반응하여 상태가 나빠지기도 하고, 이 땅의 정신 풍토에 완전히 동화되지 못해서 부적응을 일으키기도 한다. 나아가서는 현대 사회의 자연스럽지 못한 흐름을 받아들이지 못해 고통받는 사람도 있다.

그런 까닭에 자신과 환경 중 어느 쪽에 문제가 있는지 판단하는 일은 그리 간단하지 않다. 위화감이라고는 전혀 느끼지 않고 살아가는 다수파 사람들이 '건강하다'고 생각하는 것은 너무도 성급한 결론이다.

그렇다면 병과 건강 혹은 이상과 정상, 그것들은 대체 어디서 선을 그을 수 있을까? 혹은 과연 선을 그어야만 하는 것일까? 여기서부터 이야기를 시작해보자.

이상과 정상

병과 건강은 결코 다른 세계의 것이 아니다. 병은 건강 옆에, 건강은 병 바로 옆에 있고 그 경계는 있는 듯 없는 듯 모호하다.

그런데도 의료 현장에서는 '공황 장애입니다.' '우울증이군요.' '자, 이 약을 복용하세요.' '입원하세요.'라는 식으로 다루기 십상이다.

그렇다면 대체 언제부터 그런 식으로 병과 건강이 명확히 구별되었을까? 다음 글을 살펴보자.

정신병을 만들어내는 청명한 세계, 그곳에 사는 현대인은 광인과 교류하지 않는다. 즉 한편에 이성적인 사람이 존재하여 광기에게 정신과 의사를 파견하고 병이라는 추상적인 보편성을 통해서만 관계를 정당화한다. 다른 한편에서는 광기 있는 사람이 존재하여 똑같이 추상적인 이성에 의해서만 사회와 교류한다. 여기서 말하는 이성이란 질서, 신체적이고 정신적인 구속, 집단에 의한 익명성의 압력, 순응성의 요구를 말한다. 양자 사이에 소통하는 공통의 언어는 존재하지 않는다. 아니, 이제는 존재하지 않는다고 말해야 할 것이다. 18세기 말에 광기를 정신병으로 규정함으로써, 양자의 대화 단절은 확정사실이 되고 분리는 기성사

14

실이 되었다. 광기와 이성의 교류가 이뤄지던 구체적인 통사법(統辭法)도, 중얼거리던 그 불완전한 단어들도 모두 망각의 늪으로 사라져버렸다. 광기에 대한 이성의 독백에 불과한 정신의학의 언어는 그 같은 침묵에 근거해서만 확립될 수 있었다.

미셸 푸코 《광기의 역사》 서문 중에서

20세기를 대표하는 프랑스의 사상가이자 철학자인 미셸 푸코는 원래 정신의학을 공부했다. 《광기의 역사》에서 인용한 위 글은 다소 난해하지만, 간단히 말하면 그림 1-1과 같다.

이 그림에서 왼쪽에 있는 것은 '나는 정상이다'라고 생각하는 사람들이다. 그리고 오른쪽에는 현대 사회가 생각하는 '광기 있는 사람'들

그림 1-1

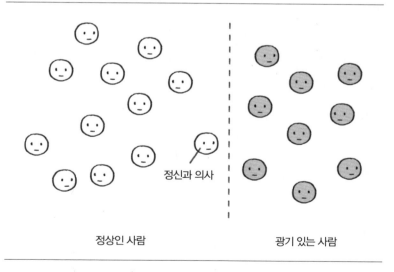

정상인 사람 | 광기 있는 사람

정신과 의사

이다. 왼쪽에 있는 사람들은 정신과 의사를 통해서만 오른쪽 사람들과 교류할 수 있고, 오른쪽에 있는 사람들은 오로지 정신과 의사의 돌봄을 받아야 하는 구조다.

미셸 푸코는 옛날 사회에서는 이렇지 않았다고 말한다. 옛날에는 이런 경계가 있는 듯 없는 듯 매우 애매모호했고, 이성도 광기도 아닌 말들이 많아 그러한 것을 통해 제대로 교류하며 살았다는 것이다. 이것은 이른바 정신병에 대한 주장이기 때문에 현대 마음의 문제에는 그대로 적용되지 않는 부분도 있을지 모른다. 하지만 '건강/병'이나 '정상/이상'이라는 문제를 생각하는 데는 매우 중요하다.

미셸 푸코의 말은 '광기에 대한 이성 쪽 독백은 다름 아닌 정신의학의 언어'이지만, '자신이 왼쪽에 발을 딛고 있다고 생각하고, 오른쪽을 단순히 병이나 광기로 보는 정신의학은 혼잣말처럼 무의미하다'는 것이다. 꽤 혹독한 말이지만 나는 전적으로 동감한다.

정상과 이상, 건강과 병. 이처럼 구분이 명확한 입장에서는 정말 중요한 본질을 보지 못한다. 그저 진단 매뉴얼에 따라 병을 진단하고 그것에 기초해 치료하는 것만으로는 환자 개인이 끌어안은 문제의 본질에서 멀어질 뿐이다.

근대 이후의 사회는 분명 일관된 방식으로 정상과 이상을 나누어 생각해왔지만, 원래는 경계가 없이 연속한 것이다. 먼저 경계 없는 시각으로 사람을 보고 '이 경우에는 이런 의미에서 정신의학적인 지원이 필요하다'는 순서로 생각해나가야 한다.

그러나 이것은 정신과 의사만의 문제가 아니다. 의뢰인 스스로 '나는 이상하다'거나 '나는 어차피 병이 있어서'라는 생각을 가지고 타인과 자신을 구분하는 일이 비일비재하다. 그런 식으로 보면 자신의 내부에서 그림 1-1처럼 오른쪽과 왼쪽의 분리가 일어나 괜스레 문제는 복잡해지고 만다.

우선은 자신을 하나로 파악할 것, 스스로에게 '이상' 또는 '정상'이라는 꼬리표를 붙이지 말 것. 이런 태도가 매우 중요하다.

'시인'으로 산다

가을밤에
나는 내가 파열하는 꿈을 꾸고 잠에서 깼다.

인류의 배후에는 옅은 암운이 밀집해 있고
많은 사람이 그것을 알아차리지 못하네

알아차린다고 각별히 다른 일이 벌어지는 것은 아니지만, 알아차릴 수 있다면,
모두가 좀 더 병적일 수 있다.

데카당, 상징주의, 입체파, 미래파,
표현파, 다다이즘, 현실주의, 공동제작……

세계는, 신음하고, 주저하고, 시들어,

소고기 같은 빛깔을 띤다.

그런데도, 지금 병적인 자만이,

현실을 알고 있는 것처럼 생각된다.

건전이란 서둘러 만들어낸 징,

너무도 쓸쓸한 가을밤이다.

《나카하라 추야 시가집》 '탈모의 가을' 중에서

'병적인 자만이 현실을 알고 있는 것처럼 생각된다'는 시 구절에 나카하라 추야의 통렬한 외침이 담겨 있다. 앞에서도 말했지만, 정상이라는 것은 대체 무엇을 근거로 약속받은 것인가? 그것은 단지 세상의 일반적인 상식 같은 것이다. 거기서 일탈한 자는 병자로 취급받는다. 그러나 '그런 사람만이 날카롭게 사물을 꿰뚫어보지 않느냐'고 나카하라 추야는 고발한다.

나는 시를 강의 자료로 자주 사용한다. 왜 하필이면 시일까? 앞선 푸코의 말처럼 정상과 이상의 경계를 넘나드는 시각이나 말이 지금은 거의 사라져버렸다. 그런데 그 잃어버린 귀중한 말들로 시가 만들어지고 있다.

'정상'과 '이상'에 양다리를 걸치고 오가면서 '이상' 세계의 말을 '정상' 쪽으로 가져와 전하려고 하는 것이 바로 시 아닐까. 나는 단순히 감상적으로 쓴 글은 제아무리 행갈이를 해도 시라고 생각하지 않는다. 결코 쉬운 방식은 아니지만 이 경계선상에 서서 발버둥과 몸부림을 치는 자세가 시를 짓는 데 꼭 필요하다고 생각하기 때문이다.

그러나 만일 '이상' 쪽으로 완전히 넘어가 버린다면, 너그러움이나 진실의 무언가를 가져올 수 없다. 설득하려다가 오히려 자신이 설득당한 꼴이 되는 것이다. 그것은 다른 의미에서 빈곤해지는 것이므로, 그렇게 되지 않기 위한 강인함이나 끈기도 중요하다.

나는 이처럼 경계에 서서 살아가는 사람을 '시인'이라 부른다. 이 의미에서의 시인이란 반드시 시를 짓는 사람을 뜻하지는 않는다. 때로는 음악이나 연극을 하는 사람, 그림을 그리거나 가정에서 요리를 하거나 채소를 키우고 수예를 하는 사람을 가리키기도 한다. 특별히 다른 무언가를 하고 있어도 상관없다. 여하튼 '정상'과 '이상'의 경계에 있듯, 사물을 신선하게 보는 시점을 가지고 살아가는 사람이다.

있는 그대로의 세상을 보고, 강인하고 생동감 있는 삶을 산다는 의미에서 우리는 모두 '시인'으로 살아가야 하는 것 아닐까.

그녀가 집을 나간 이유

헨리크 입센의 《인형의 집》이라는 희곡에 이런 장면이 있다. 참고로 등장인물 노라와 헬메르 토르발은 부부다.

노라 내일은 집으로 돌아갈 거예요…… 친정으로요. 거기라면 무슨 일을 하면 좋을지 쉽게 찾을 수 있을 거예요.

헬메르 아, 세상을 모르니 그런 어처구니없는 소리를 하지.

노라 알 필요가 있지요, 토르발, 그 세상이란 것을요.

헬메르 가정과 남편과 아이들을 버릴 리 없어! 다들 뭐라고 말할 것 같아?

노라 그런 것까지 신경 쓰면 갈 수 없겠지요. 내가 아는 건 가야만 한다는 것뿐이에요.

헬메르 저런, 기가 막히는군. 당신의 신성한 의무를 저버리다니.

노라 나의 신성한 의무라는 건 뭐죠?

헬메르 말할 필요도 없이, 남편과 아이들에 대한 책임이지!

노라 내게는 그 정도로 신성한 다른 의무가 있어요.

헬메르 아니, 있을 리 없어. 예를 들면 뭐지?

노라 나 자신에 대한 책임이요.

헬메르 우선적으로 당신은 아내이자 어머니야.

노라 그런 말은 이제 믿지 않아요. 나도 인간이라고요. 당신과 같은 인간이요…… 적어도 나는 그렇다고 믿어요. 대부분의 사람들은 당신이 옳다고 말할 테죠, 토르발. 게다가 많은 책에도 그런 말들이 있지요. 그러나 나는 세상 사람들이 하는 말이나 책에 쓰인 것에 더는 만족할 수 없어요. 나는 모든 일을 스스로 생각하고 결정하고 싶어요.

(……)

헬메르 노라, 당신은 병이야. 열이 있군. 아무리 봐도 정상이 아니야.

노라 나는 오늘밤처럼 의식도 머리도 또렷했던 적이 없어요.

20

1879년, 이 연극이 처음 무대에 올랐을 당시 엄청난 돌풍을 불러 일으켰다. 그런데 그로부터 100년이 넘는 세월이 지난 지금도 우리 인간은 여전히 달라진 것이 없다. 특히 헬메르의 마지막 대사인 '당신은 병이야.'라는 부분이 그렇다. 지금도 이런 식으로 '병'이라는 말이 사용된다. 자신이 살아가는 상식의 세계에서 조금이라도 이탈한 것, 제어할 수 없는 것을 병이라고 치부한다. 그런 시점으로 보면 양자의 커뮤니케이션은 결코 성립되지 않는다.

결국 노라는 이 집을 나온다. 비록 연극이기는 하지만 여기에는 강한 사실성이 담겨 있다.

인간은 모두 미쳐 있기 때문에 미치지 않은 사람도 다른 형태의 광증으로 보면 미쳤다고 할 수 있다.

17세기 프랑스의 수학자이자 물리학자인 파스칼도 같은 시각을 가지고 있었다. 정상/이상이라는 선긋기는 어디까지나 상대적인 것에 지나지 않으므로, 파스칼의 풍자에 의하면 '인간은 모두 미쳤다'고 할 수 있다.

건강이란?

건강, 건전이란 무엇인가? 나카하라 추야도 한탄한다. 그것은 쓸쓸한 것이다.

최근 사람이 모이는 곳에서는 지겹도록 '건강'이라는 말이 들린다. 건강이 최고라는 둥 건강하지 않으면 아무것도 할 수 없다는 둥……. 그러나 건강에 집착하는 건 오히려 건강하지 못한 게 아닐까? 건강 따위는 말끔히 잊고 생각하지 않을 때가 진정으로 건강한 상태가 아닐지.

자주 의뢰인으로부터 '나는 무슨 병인가?'라는 질문을 받는다. 의사가 환자에게 진료 목적과 내용을 설명하고 환자의 동의를 받은 뒤치료하는 인폼드 컨센트(informed consent)라는 사고방식에서 보면, 질문을 받은 즉시 병명을 답하는 것이 좋겠지만 사실 그것만으로는 경솔한 행동이 되어버린다.

진단명이라는 것이 의료 관계자끼리 대화를 나눌 때에는 어느 정도 도움이 되지만 다른 상황에서는 그렇지도 않다. 만약 100명이 우울병을 앓고 있다면 그 내용도 100가지로 제각기 다르다. 각자 원인도 다르고 배경도 다르고 타고난 것도 전부 다르다. 나는 병명을 고지하여 환자에게 도움이 된다면야 얼마든지 알려준다. 하지만 그 전에 '병명을 알면 자신이 어떻게 달라질 것이라 생각하는가?'라고 묻는다.

만일 의뢰인이 자신의 '병'을 받아들이고 철저히 맞서 살아가는 데

도움이 되겠다는 판단이 서면 기꺼이 병명을 알려준다.

　그러나 단순히 자신에게 붙은 꼬리표가 무엇인지 알고자 하는 것뿐이라면 우선 멈춘다. 병명을 얻은 의뢰인은 자신도 모르는 사이에 '나는 병자다. 가망이 없다. 어차피 행복해지기는 어렵다.'는 결론에 이르게 될지도 모른다. 그런 경우라면 먼저 의뢰인이 가지고 있는 병이나 건강에 대한 고정 관념을 깨고 다시 생각해보는 시간을 가져야 한다. 그러지 않으면 병명 고지는 치료에 도움은커녕 역효과만 불러올 것이다.

자신에게 붙인 꼬리표

　이렇듯 우리 인간은 자기 자신에게 어떤 꼬리표를 붙이기 쉽다. '나는 신경질적이다.' '나는 완고하다.' '나는 우울병 환자다.' 등등. 이런 꼬리표를 자신에게 붙여 스스로를 규정한다. 말에는 대상을 고정시키는 힘이 있어서 이런 꼬리표를 붙임과 동시에 자기 자신을 가둬버리게 된다.

　그러한 문제에 맞닥뜨렸을 때 치료사는 무엇을 해야 할까? 우선, 그 꼬리표를 어떻게든 떼어내야 한다. 그러지 않으면 꼼짝도 하지 않아 단 한 걸음도 내딛지 못한다.

　만약 '신경질'이라는 꼬리표가 붙은 경우라면 이것을 뒤집어 보기도 해야 한다. 이를테면 '감수성이 풍부하다.' '감성이 발달했다.'는 식으로 말이다. '완고'라는 꼬리표에 대해서는 '나는 생각이 확고하여 웬만해서는 휘둘리지 않는다.'고 생각해볼 수 있다. 이러한 작업이 꼬리표를 떼는 일로 이어진다.

그러나 나는 이것을 '긍정적으로 바꾸는 작업'이라고는 생각하지 않는다. 그런 식으로 표현하고 싶지 않다.

그렇다면 왜 그것이 문제인가? 요점만 말하면, 긍정에는 반드시 부정이 생기는 문제가 이면에 숨어 있기 때문이다. 따라서 나는 이 꼬리표를 바꿔 다는 작업에서 부정을 긍정으로 바꾸려 하지 않는다. 아예 부정이나 긍정이라는 구별 자체를 없애고 싶다.

부정/긍정이라는 것은 '이원론'으로, 불교에서 말하는 '분별'이라는 것이다. '긍정적으로 살라'는 내용의 자기계발서를 읽고 일주일 정도 실천해볼 수 있다. 하지만 곧 긍정이라는 것에 피로감을 느껴 원래 자기 자리로 돌아오게 된다. 그런 방식으로는 진정한 해결에 이르지 못한다. 이원론 문제에 대해서는 뒤에서 자세히 다룰 생각이니, 일단은 언어의 꼬리표를 떼내는 데 집중해보자.

꼬리표를 떼기 위해서는 먼저 자신이 어떤 말에 얼마만큼 민감한지, 그 말이 갖는 내실에 대하여 깊이 생각해본 적이 있는지 스스로 질문을 던져야 한다.

갈등, 고민한다는 것의 의미

'갈등'이라는 개념에 대해 이야기해보자.

갈등이라는 말은 일상적으로 자주 사용되는데, 칡넝쿨(葛)과 등나무(藤)가 서로 휘감고 있다는 데서 왔다. 갈등이라는 것은 의식 속에 'O'라는 마음, 그것과 양립할 수 없는 '△'라는 마음이 있어 양자가 대립한 채로 나란히 존재하는 상태다. 좀 더 정확히 말하면, O라는 '머리에서 유래한 생각'과 △라는 '마음에서 유래한 감정'이 나란히 존재하는 것이다. 따라서 개운하지 않은 채로 몸부림치는, 이런 상태를 갈등이라고 한다.

흔히 갈등 자체를 병적이라고 생각하는 사람이 많다. 하지만 갈등이 있는 것은 오히려 건강한 상태다. 왜냐하면 그림 1-2에서 보는 바와 같이 O도 △도 지상(의식)에 있어 무의식이라는 지하에 묻혀 있지 않기 때문이다. 심리학적으로 말하자면 억압받지 않는 상태다. 스스로는 고민이 있어 개운하지 않고 불편하지만 이 자체는 병적인 상태가 아니다. 달리 보면 갈등할 수 있는 건강한 힘을 가지고 있는 상태다.

하지만 인간은 아무래도 명확히 정리하여 개운해지려고 하기 때문에, 한쪽을 땅속에 묻어 갈등을 해결하려고 한다. 그때 대개의 경우 머리에서 유래한 생각 O가 마음에서 유래한 감정 △를 땅에 묻는다. △는 억압받고 지상은 O의 천하가 된다.

겉보기에 당사자는 갈등 없이 개운하다. 그러나 조금 지나면 억압

그림 1-2 갈등과 억압

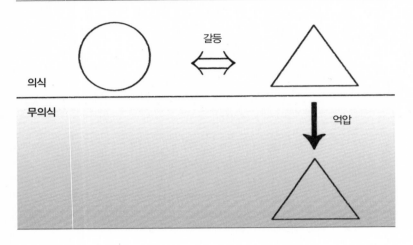

의식

무의식

당한 △의 반발이 시작된다. 그 결과 △의 에너지가 의식에 반란을 일으키거나 그것이 안 된다면 신체적 병으로 표출된다. 그마저도 잘 되지 않으면 △의 모체인 마음이 파업에 돌입하여 에너지 자체가 나오지 않는다. 즉 의욕이 생기지 않는다. 마음은 몸과 일심동체이기에 몸도 에너지가 생기지 않아 쉬이 피로감을 느끼고 태만감, 식욕부진 등등의 상태가 일어난다. 이것이 '우울상태'다.

따라서 억압당한 것을 갈등 수준으로까지 끌어올리면 충분히 의미 있는 치료가 된다. 의뢰인은 '병이 나으면 개운해져 고민도 없고 틀림없이 즐거울 것'이라고 생각하기 쉽지만, 해야 할 고민은 어떻게든 하게 되어 있다. 그것이 '낫는다'는 것이다.

이것을 다른 식으로 말하자면 억압하고 있을 때는 '병적인 안정'이

26

라 할 수 있다. '병적인 안정'에서 '건강한 불안정'으로 옮겨가는 작업, 그것이 치료의 본래 모습이다. 그런 의미에서 '치유'나 '힐링'이라는 사고방식과는 전혀 다르다.

이처럼 치료에 의해 고민·아픔 등이 또렷이 의식 위로 떠오르게 되는데, 이것으로 끝나게 될지 아니면 괴로운 채로 있게 될지는 알 수 없다. 물론 그 뒤의 과정도 있지만 여기서는 다루지 않을 것이다. 우선은 고민·아픔·갈등을 안고 가는 힘, 갈등이 해결될 때까지 견디는 힘 또는 기다리는 힘을 키우도록 이끄는 것이 정신요법에서는 특히 중요하다.

모순되는 표현일지 모르지만 실제로는 '맘껏 고민하는' 상태가 건강한 것이다. 고민한다는 행위는 삶 자체를 구성하는 데 결코 빼뜨릴 수 없는 것으로, 그것을 없애는 일은 불가능하다.

정신요법이나 카운슬링을 할 때, 치료사는 무의식중에 의뢰인의 고민이나 고통을 어떻게든 해결하려는 마음에서 자신이 생각하는 답을 알려주고 싶어 한다. 그러나 그 같은 행동은 의뢰인이 갈등을 짊어지는 힘을 키우지 못하게 할 뿐만 아니라, 스스로 답을 찾아내는 능력을 퇴화시켜 결국 치료사에게 의존하도록 만든다.

다리가 아프지만 재활 치료를 거쳐 충분히 걸을 수 있는 사람에게 휠체어를 제공한다면 어떨까? 치료사는 즉각적이고 확실한 치료를 했다며 자기만족을 느낄 수도 있다. 그러나 여기에 큰 함정이 도사리고 있다. 온 힘을 다하는 치료사일수록 이런 실수에 빠지기 쉬운데, 치료사 자신이 환자를 '치료의존증'으로 만드는 원흉임을 깨닫지 못한다.

치료는 그런 게 아니다. 때로는 '고민해도 좋다'고 말해주는 경우도 있는 법이다. 최소한의 힌트만 주고 환자 자신에게 내재된 힘으로 해결해가도록 돕는 것이야말로 진정한 도움일 것이다.

'힐링'이라는 유혹

세상에는 '치유'라는 말이 유행하고 있지만 참으로 애매한 말이다. 뜨뜻미지근한 욕조에 몇 시간이고 몸을 담그듯이 잠시 기분 좋은 것에 그칠 뿐, 인간을 변화시키려는 힘은 없어 자립 의욕을 죽일 때가 많다. 미술에 있어 필요한 것은 자립이다. 사람을 구원한다는 것은 사람을 자립시키는 것이다. '치유' 같은 것에는 어디에도 자립이 없다. 어디까지나 사회 안의 개인이 아니라, 속세에서 분리된 개인의 자각밖에 없다.

요코오 타다노리 《요코오류 현대 미술》 중에서

요코오 타다노리는 늘 첨예하고 참신한 활동을 펼쳐온 미술가로, 이 글은 그가 현대미술에 대해 논한 책에서 인용했다. 미술에 대한 이야기이지만 여기서 말하는 것은 우리에게도 매우 중요한 메시지를 준다.

최근 몇 년 '힐링'이나 '치유'라는 말이 사용되더니 완전히 정착한 듯 보인다. 그런데 웬일인지 나는 생리적으로 도무지 이 말에 친숙해지지 않았다. '치유'라는 말을 들을 때마다 몸이 근질거리고 어떤 들척지근한 불쾌감이 밀려왔다. 그런 까닭에 요코오 타다노리의 이 글을 읽었을 때 '나와 똑같은 감각을 가진 사람이 있구나.' 하는 생각에 다소 마음을 놓았던 기억이 있다.

진정 구원받는다는 것은 그 사람 안에 잠재한 힘, 자고 있는 지혜가 깨어나 움직일 때 비로소 이뤄지는 것이다. 예술도 문학도 그리고 의료나 교육도 사람들의 자각을 일깨워주는 요소를 갖춰야 한다. 사람이 깨우치고 변화하기 위한 필요조건은 바로 자립이다.

치유라는 말은 피로감을 해소한 뒤에 평소 생활이나 원래 자신으로 되돌아간다는 뉘앙스를 내포하고 있다. '살아있는' 존재답게 변화·성숙을 거쳐 달라지고자 하는 방향성이 전혀 보이지 않는다. '살아있는' 존재란 늘 변화하기에 살아있다고 말할 수 있는데 치유라는 말에는 그런 생동감이 결여되어 있다.

시시한 이야기라 미안하지만 어느 날 나는 욕실에서 목욕을 하며 배수구를 향해 흘러가는 때를 보고는 문득 '저 때도 불과 몇 분 전까지는 '나'였는데……'라는 생각을 한 적이 있다. 이처럼 몸을 구성하는 세포조차 어제의 세포와 오늘의 세포가 조금씩 다르다. 엄밀히 말하자면 이미 같은 몸뚱이가 아니다. 그러니 우리의 의식도 매일매일 새로운 자신이라는 이미지로 스스로를 파악하는 게 더 맞지 않을까? 그렇게 볼 때 '치유'라는 말에는 극히 미량이기는 해도 '어제오늘과 다르지 않은 내일'이라는 비생물적인 이미지의 독이 내재되어 있다고 봐야 한다.

불행이라는 포장지에 싸인 선물

현대인은 고민이나 고통에 맞닥뜨리면 그 즉시 해결하려는 경향이 있다. 카운슬러를 찾아가거나 병원으로 달려가 고통을 당장 제거하려고 한다. 과일의 상한 부분을 잘라내버리듯이.

그러나 이런 고민이나 고통에는 반드시 매우 중요한 메시지가 담겨 있다. 타인이 제공하는 표면적인 해결법만을 그대로 받아들이면 중요한 메시지를 놓쳐 큰 손실을 입게 된다. 거기에 그치지 않고 동일한 메시지를 전하기 위해 수차례 같은 재난이 엄습해온다. 끝없이 계속되는 반품과 택배 재발송처럼 말이다.

고민·고통이 전달하는 것은 흔히들 말하는 운동이나 식생활 개선 같은 차원의 것이 아니다. 그 사람의 가장 근본에 있는 가치관이나 사고방식과 관련된 깊은 메시지다.

예를 들어 일반적인 우울병 치료에서는 이런 조언을 자주 듣게 된다. '충분히 쉬고, 무리하지 말고, 꼬박꼬박 항우울제를 복용하는 것이 중요하다. 증상이 다소 가벼워져도 재발할 가능성이 있으니 예방 차원에서 중·장기적으로 꾸준히 항우울제를 복용해야 한다.' 하지만 이것은 완치를 목표로 하는 것과는 조금 다르다. 전문가들은 재발할 가능성이 있지만 증상이 사라진 상태를 '치유'가 아니라 '완해(緩解)'라고 부르며, 대개는 이 '완해'를 목표로 삼는 치료가 이뤄지고 있다.

이것은 고칠 수 있는 걸 고치지 않고 묵힌다는 말이 아니다. 일반적인 정신의료로 최선을 다해 치료한다고 해도 우울병의 재발에 대해서는 한계가 있다는 것이다. 그러나 나는 이런 일반적인 치료를 받아들이지 못하고 내내 몸부림쳐왔다. 이런 치료라면 환자는 재발이라는 폭탄을 끌어안은 채 위태롭고 소극적인 삶을 살아가는 수밖에 없지 않은가.

그런 고민을 가지고 치료에 힘써오는 동안 기쁘게도 환자들 중에서 하나둘 완치 사례가 나왔다. 완치된 이들의 공통점은 우울병 치료를 계기로 자신의 인생 궤도를 크게 수정했다는 것이다.

환자 자신이 가지고 있던 기본적 가치관에 혁명적이라 할 수 있을 만큼 큰 변화가 일어나고 인생이 완전히 달라졌다. 이것은 우울병의 근본을 이루고 있는 '병전 성격'에 변화가 일어나 완전히 '치유'된 것이라고 볼 수 있다. 뒤집어 말하면 이제껏 보다 깊은 곳까지 치료가 이뤄지지 않았기 때문에 우울병의 재발 문제를 해결하지 못했던 것이다.

이 같은 일은 우울병뿐 아니라 다른 여러 병태의 사람들에게도 일어나고 있어서 나는 '병에는 어떤 메시지가 담겨 있다. 그리고 그 메시지를 받아들이면 그 병은 사라진다.'고 믿게 되었다.

나는 이런 이야기를 자주 의뢰인에게 들려준다.

"병이나 괴로움은 하늘이 보내준 선물 같은 것으로 그 안에는 매우 소중한 메시지가 담겨 있다. 안타깝게도 그것은 '불행'이라는 포장지에 싸여 있기 때문에 대개는 꺼리며 받으려 하지 않는다. 그러나 그것은 받지 않는 한 몇 번이고 다시 발송된다. 용기를 내어 받아들이고 그 꺼림칙한 포장을 풀어보면, 자신답게 살아가기 위한 소중한

그림 1-3

하늘이 '불행'이라는 포장지에 싸인 선물을 보내왔다

메시지를 발견하게 된다."

실제로 '이 병이 아니었다면 내 삶에서 정말로 소중한 것을 깨닫지 못했을 것이다. 그랬다면 지금도 옛날에 살았던 방식 그대로 살고 있을 텐데 그건 생각만 해도 소름이 돋는다.'고 말하는 의뢰인도 적지 않다.

병에 담긴 메시지가 일으키는 변화는 상식적인 가치관보다 깊은 곳에서 일어난다. 따라서 이 메시지를 의뢰인이 받아들이도록 돕기 위해서는 치료사 자신도 그 깊이에서 사고하고 살아가지 않으면 안 된다. 단순한 치료 기술이나 이론 습득으로는 대충 얼버무릴 수 없는 부분으로, 나 스스로도 나의 한계가 바로 치료의 한계라는 것을 하루하루 뼈저리게 느끼고 있다.

진정한 고뇌

이 같은 선물은 병이라는 형태로만 받는 게 아니다. 인생을 살아가면서 맞닥뜨리는 온갖 고뇌 역시 그러하다. 일례로 러시아 문호 도스토예프스키의 고뇌에 대한 다음 대담을 읽어보자.

르콩트 작가는 늘 '자신에 대하여 쓴다'고 말씀하셨는데, 도스토예프스키는 그 모든 것을 어떻게 자기 안에서 찾아낼 수 있었을까요?

시오랑 많은 고뇌가 있었기 때문이라고, 그는 말했지요. 그것이 인식입니다. 우리가 인식을 획득하는 것은 고통에 의해서이지 독서에 의해서가 아닙니다. 독서는 어쨌든 삶과 거리가 있습니다. 생이야말로 진정한 경험입니다. 생에서 우리는 온갖 좌절을 경험할 수 있고, 또 거기서 다양한 성찰도 탄생하지요. 내적 경험이 아닌 것은 모두 예외 없이 얄팍합니다. 우리는 수천 권의 책을 읽을 수 있습니다. 그러나 그런 것은 불행한 경험, 우리를 뒤흔드는 모든 것과는 달라요. 진정한 학교가 아니지요. 도스토예프스키의 생애는 지옥이었습니다. 그는 온갖 시련, 온갖 긴장을 경험했습니다. 필시 그는 내적 경험에 있어 가장 깊은 작가입니다. 한계까지 갔습니다.

에밀 시오랑 《시오랑 대담집》 중에서

에밀 시오랑은 루마니아 출신이지만 모국도 성도 버리고 무국적자로서 파리에 살며 사색했던 사람이다. 다소 허무주의 경향이 느껴지는 부분도 있지만, 고통을 통해 진정한 '내적 경험'을 얻는다는 것을 몸으로 깨우친 사람이다.

도스토예프스키의 소설에는 다양한 인물들이 등장하고 도저히 한 사람이 썼다고 생각할 수 없을 만큼 각각의 내면이 입체적으로 그려진다. 그가 그린 인물 가운데는 경건한 기독교 신자가 있는가 하면 무신론자도 있고, 범죄자도 있고, 겁 많은 소시민도 있다. 그 다양성과 깊이는 보통이 아니다. 도스토예프스키의 아버지는 참살당했고 자신도 시베리아에 유배되어 투옥되었다가 총살 직전에 간신히 사면되었다. 생에서 실제로 처절한 고뇌를 겪은 것이다. 그의 굴곡 많은 삶을 생각하면 그런 처절한 경험을 창조적 표현으로 바꾼 인간의 놀라운 저력에 절로 경탄하게 된다.

이것은 도스토예프스키라는 천재에게만 있는 특별함이 아니다. 이 같은 힘과 창조적 에너지는 어떤 인간이라도 내면에 잠재되어 있다. 단지 그것을 살리기 위해 눈을 떴는가 하는 여부가 큰 차이를 낳는 것이다.

언어에 묻은 손때

우리가 쓰는 말들의 진짜 의미

보통에 대하여

"그냥 보통 사람처럼, 보통이 되고 싶어요."

의뢰인을 처음 만나서 '어떻게 변하길 바라는가?'라고 물으면 '보통이 되고 싶다'고 말하는 사람이 상당히 많다. 그 마음을 모르는 바는 아니지만 나는 그 대답에 왠지 모를 쓸쓸함을 느낀다. 폴란드의 시인 비스와바 쉼보르스카는 이런 말을 했다.

하나하나의 단어에 대해 곰곰이 생각하지 않는 일상적인 대화에서는 누구나 '보통 세계'나 '보통 생활', '일의 보통 흐름'이라는 표현을 한다. 그러나 말 하나하나의 무게를 잴 수 있는 시의 언어에서는 평범한 것, 보통인 것은 아무것도 없다. 어떤 돌이든, 그 위에 떠 있는 어떤 구름이든. 어떤 낮이든 그 뒤에 오는 어떤 밤일지라도. 그리고 특히 이 세상 안에 존재한다는 것, 누구의 것이 아닌 그 존재도. 그 어느 것 하나를 집어도 보통은 아니다.

비스와바 쉼보르스카 《끝과 시작》 〈노벨 문학상 기념 강연〉 중에서

여기서 말하듯이 '시인'의 눈으로 봤을 때 본래 '보통'인 것은 아무것도 없다.

'보통'이라는 말에는 모두와 같은 게 좋다거나 평범하게 사는 것이 행복할 게 틀림없다는 편중된 가치관이 들러붙어 있다. 사람들은 '보통'이 되면 '보통'으로 행복할 수 있다고 믿는다. 그러나 행복이라는 것에 '보통'은 없다. 왜냐하면 '보통'이 아닌 것이 행복의 본질이기 때문이다.

어떤 부모가 "나는 아들이 보통 아이처럼 되길 원합니다. 그런데 어느 날 아들은 '대체 보통이 뭐야!'라고 화를 내더군요. 나는 뭐든 좋으니 모두와 발맞춰 살아가길 바라며 키워왔습니다. 보통이 아니면 남에게 설명하기 어려우니까, 그저 알기 쉬운 사람이 되길 바라는 마음이었지요."라고 말하는 것을 들은 적이 있다. 부모 자신이 '보통이 되지 못해 여러 가지 힘들었다'는 후회를 안고 살아왔기에 자식만큼은 자기처럼 힘들게 살지 않기를 바랐을 것이다.

그러나 어떤 사람이든 처음부터 '보통'을 갈구했을 리 없다.

이 부모는 어릴 적부터 주위의 시선이나 말에 상처받은 경험이 있었고, '보통이 아닌 것은 이토록 좋지 않구나' 하는 생각을 하게 되었다. 그는 왠지 모를 답답함을 느끼면서도 '보통'에 겁내고 '보통'을 동경하며 '보통'을 연기했을 것이다. 그리고 자식도 그렇게 살아가야 한

다고 생각했던 것이다.

이렇게 사람들은 '보통'을 신봉하는 가치관을 대대손손 계승하려고 한다. 그 가치관을 강요받은 아이는 선천적인 힘을 강하게 가지고 있을수록 위화감을 느끼거나 반발하거나 심신에 변조가 찾아온다. 그것은 결코 이상한 일이 아니다. 자연스럽지 못한 가치관에 대한 당연한 거부 반응이다.

언어에 묻은 손때

이것이 시(Poesie)의 역할이다. 시는 사물에 씐 모든 언어의 힘을 벗겨낸다. 시는 우리를 에워싼다. 그리고 감각이 그저 기계적으로 기록했던 경탄할 만한 것을, 마비를 흔들어 깨우는 빛 아래서 알몸뚱이로 만들어 보인다.

(……)

그의 마음이나 그의 눈이 늘 표면만 말하는 것을, 처음 보거나 처음 감동하도록 다른 각도나 속도로 보여주는 것이다.

이것야말로 인간에게 허용된 유일한 창조다.

무수한 시선이 작품을 녹슬게 하는 것이 진실이라면, 영원한 걸작이라는 상투어는 그 아름다움이 보이지 않게 두꺼운 녹으로 가려버리기 때문이다.

하나의 상투어를 바른 위치에 두라. 그것을 세탁해보라. 닦아보라. 빛내보라. 언어가 처음에 가졌을 젊음, 그때의 싱그러움과 물보라로 사람의 마음을 때리듯이. 그러면 여러분은 시인의 일을 한 것이다.

프랑스 시인 장 콕토의 말이다. 콕토답게 '말을 세탁하여 닦아보라' 는 참신한 표현으로 중요한 메시지를 전하고 있다.

예컨대 동전은 막 만들어졌을 때 반짝반짝 빛난다. 그것이 수많은 사람들의 손을 거치는 동안 차츰 손때가 묻고 녹슨다. 언어도 이와 같아서 사람들이 사용하는 동안에 어느 사이엔가 손때나 녹이 들러붙게 된다. 콕토는 언어의 손때나 녹을 닦아냈을 때 비로소 여러 가지가 보인다고 말한다.

언어의 손때라는 것은 말에 붙어 있는 어떤 세속적인 가치관을 가리킨다. 가령 앞에서 말한 '보통'이라는 말의 경우 '보통은 좋다', '보통은 행복하다'는 가치관이 그 배후에 있다. 그렇게 생각하는 사람들에게 '보통'은 '다수파'와 밀접하게 연결되어 있는 게 틀림없다. 결국 '보통'이라는 말은 '표준적인', '사회에 적응한'이라는 가치관도 내포하고 있는 것이다. 이처럼 그 말에 들러붙은 가치관이나 세계관 같은 것이 사람의 생각을 구속하고 고착되게 한다.

'보통'이란 무엇을 가리키는가? 나는 정말 '보통' 사람을 본 적이 있던가? 하고 되물음으로써 거기에 들러붙은 가치관에 대해 다시 생각해봐야 한다. 언어의 손때를 찾아내야 하는 것이다.

한번 어떤 말을 획득하면 그 말에 대해 곰곰이 생각하고 거기에 어떤 손때가 묻어 있는지, 사람들은 어떤 식으로 사용하는지, 그것은 진실에서 얼마만큼 동떨어져 있는지 음미해야 하지만 많은 사람들이 그저 사용한다. 돈처럼 말이다. 사람들은 말과 함께 있는 가치관, 즉 언어의 손때가 자신에게 들어왔음을 알아차리지 못한다. 그러나 나도 모르게 받아들인 그런 생각들이 나중에 뭔가를 보고, 생각하고, 판단할 때 큰 영향을 미치는 법이다. 이렇게 생각해보면 말을 부주의하게 다루는 것은 실로 무서운 일이다.

그러니 사물의 진정한 모습을 보기 위해서는 우선 '말이라는 도구'에 들러붙어 있는 손때를 하나하나 말끔히 닦아내는 작업을 거쳐야만 한다.

언어의 두 가지 측면

말에는 공적인 측면과 사적인 측면이 있다.

우리처럼 한 국가에서 하나의 언어를 사용하는 경우에는 문제의식을 가질 기회가 적을지 모른다. 하지만 같은 언어를 사용한다고 해도 하나하나의 말에 담긴 의미는 개개인에 따라 상당한 차이가 있는 법이다.

《구약성서》'창세기' 11장을 보면 유명한 바벨탑 이야기가 나온다.

온 세상이 같은 말을 하고 같은 낱말들을 쓰고 있었다. (……) 그들은 서로 말하였다. "자, 벽돌을 빚어 단단히 구워 내자." 그리하여 그들은 돌 대신 벽돌을 쓰고, 진흙 대신 역청을 쓰게 되었다. 그들은 또 말하였다. "자, 성읍을 세우고 꼭

대기가 하늘까지 닿는 탑을 세워 이름을 날리자. 그렇게 해서 우리가 온 땅으로 흩어지지 않게 하자." 그러자 주님께서 내려오시어 사람들이 세운 성읍과 탑을 보시고 말씀하셨다. "보라, 저들은 한 겨레이고 모두 같은 말을 쓰고 있다. 이것은 그들이 하려는 일의 시작일 뿐, 이제 그들이 하고자 하는 것은 무엇이든 못할 일이 없을 것이다. 자, 우리가 내려가서 그들의 말을 뒤섞어 놓아, 서로 남의 말을 알아듣지 못하게 만들어 버리자."

《구약성서》 '창세기' 중에서

이 이야기는 인류가 세계 각지에 흩어져 수많은 언어를 가지게 된 유래로 해석되는데, 나는 동일한 언어를 사용하는 인간끼리도 신의 저주에 걸려 있지 않나 생각한다. 같은 언어를 사용해도 서로 말이 통하지 않아 엇갈리는 경우를 여러분도 자주 경험했을 것이다.

언어는 커뮤니케이션에 이용될뿐 아니라 사물에 대해 생각하거나 자신의 내면을 파악할 때도 사용된다. 이것을 '내적 언어'라고 하는데 홀로 내적으로 사용하는 것이기에 본디 공공성을 가질 필요가 없다. 그러다 보면 어느 사이엔가 그 사람 안에서 홀로 서기를 하고 독자적인 의미 부여나 편중을 갖게 되기도 한다. 특히 어딘가에 틀어박혀 다른 인간과의 직접적인 커뮤니케이션에서 멀어진 상태가 계속이어지면 그 경향은 더욱 촉진된다. 이 내적 언어가 언어의 사적인 측면을 형성하는 것이다.

자타의 구별

지금까지 사람들은 말의 두 가지 측면을 나름대로 구분해서 사용해왔다. 그러나 최근 이 구분에 서툰 사람들이 부쩍 늘어났다. 사적인 말을 그대로 공적인 자리에서 내뱉거나, 반대로 공적인 자리에서 던져진 말을 자신의 사적인 필터로 받아들여 '상처 입었다'거나 '심한 말을 들었다'고 반응하는 사람들이 실로 많아졌다.

이런 사태는 '자타의 구별'이 어려운 경우에 일어난다.

자신과 타자가 서로 다른 내면 세계와 가치관을 가지고 있어서 똑같은 단어라도 다른 의미를 부여할 수 있다는 것을 상상도 하지 못하는 것이다. 자신과 타자가 다른 존재라는 당연한 사실을 이해하지 못하는 데서 빚어지는 문제다(여기서 말하는 '타자'는 당연하게도 자신 이외의 모든 인간을 가리킨다).

원래 '우리'라는 인식이 강한 민족일수록 '자타의 구별'이 서툴다. '개인의 확립' 문제나 '타자를 다른 주체로서 그 독립성과 특이성을 인정한다'는 점에서는, 공동체 의식이 강했던 1차 산업 시절이나 대가족 제도가 있던 시절로부터 현재가 그리 많이 달라지진 않은 것 같다. '모두와 같아야 한다'고 고민하고 '타인이 자신과 같을 것'이라 굳게 믿는 일이 지금도 드물지 않다. 그리고 여전히 집단 차원에서 구성원이 동질일 것을 강요하고, 조금이라도 벗어나는 경우에는 괴롭히거나 제거하려 든다. 이러한 경향은 우리 주변에서도 얼마든지 볼 수 있다.

자신과 타자가 다른 존재라는 인식은 가장 먼저 부모·자식 관계에서부터 시작되어야 마땅하지만, 여전히 부모들은 자식을 '자신의 분신'인 양 생각하기 일쑤다. 아무리 혈연으로 연결되어 있다고 해도 아이는 정자와 난자가 수정한 순간부터 이미 별개의 생명으로서 존재한다.

강의를 하다보면 가끔 '바람직한 육아 포인트는 무엇인가?'라는 질문을 받는다. 나는 기독교 신자는 아니지만 '마리아가 예수를 키웠듯이 키우는 것'이라고 답한다. 마리아는 신이 주신 아이를 잉태하고 낳아 키웠다. 결코 자신의 자식이라고 생각하지 않았을 것이다.

육아에서는 이처럼 자기 자식을 타자로서 인식하는 것이 무엇보다 중요하다. 이 같은 인식이 있다면 '자식을 위해서'라는 일방적인 강요를 하지 않게 되고, '대체 이 아이는 어떤 인간일까?'라는 지극히 자연스러운 관심으로 면밀히 관찰하게 된다. 부모와 자식 간의 대화에서도 자신의 생각을 주입하는 것이 아니라 '나는 이렇게 생각하는데 아이는 어떻게 생각하는지'에 대한 사려 깊은 교류가 이뤄질 것이다. 그러다 보면 육아 전체가 부모의 욕망에 의해서가 아니라 아이의 행복을 위한 방향으로 나아가지 않을까?

'자타의 구별'에 서툰 사람은 세포 분열 직전에 있는 세포처럼 자타의 경계 없이 서로 연결되어 있는 인간관계를 강하게 동경하는 법이다. 그러나 그런 관계는 서로에게 의존하는 관계라서 영원하지 않다. 자신의 모든 것을 나눠주고 자신의 모든 것을 받아주는 인간관계라는 것은 엄밀히 말해 존재하지 않는다.

그 같은 '생떼'를 타자에게 요구하게 되는 근본 원인은 '자신을 사랑하지 않는' 데 있다. 자신의 내면이 춥고 외롭기 때문에 타자에게 그 온기를 갈구하게 되는 것이다.

인칭 문제

평소에 우리가 '개인 확립'이나 '자타의 구별'에 미숙하다는 것을 아예 인식하지 못한 사람일지라도 익숙한 환경에서 벗어나면 이 문제를 통렬히 실감하게 된다. 특히 외국에 나가게 되면 그렇다. 평소 여기저기 컨디션이 좋지 않다며 호소하던 사람도 유럽이나 미국 일대로 여행을 떠나면 돌연 물 만난 물고기처럼 활기를 찾는 경우가 있다. 그러다 귀국하면 다시 본래 상태로 돌아온다. 대체 나라 안팎에서 무엇이 그토록 다른 것일까?

1950년대에 프랑스에 건너갔다가 이런 문제의식을 강하게 느낀 모리 아리마사라는 사람이 있다. 그는 도쿄 대학교 준교수라는 지위도 버리고 파리에 머무르며 사색에 빠졌다. 그리고 프랑스인에게 일본어를 가르치면서 생긴 문법적인 착상에서 시작해 독자적인 이론을 세웠다. 바로 '인칭' 문제다.

사람과 사람이 커뮤니케이션을 할 때 서양에서는 1인칭인 자신이 3인칭인 상대에게 이야기를 한다. 또한 상대방도 자신을 1인칭으로 분명히 표현하고 3인칭인 상대에게 말을 한다. 모리 아리마사는 이런

그림 2-1

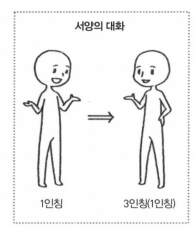

서양의 대화

1인칭 → 3인칭(1인칭)

상대는 알 수 없는 타인이고
별개의 주체다

일본의 대화

0인칭 → 2인칭(0인칭)

상대는 자신과 동질의 사람이고
어느 쪽이든 주체를 가지지 않는다

것이 서양의 대인 관계라고 생각했다.

통상적인 문법에서는 상대를 2인칭라고 하는데 왜 3인칭이라 말한 것일까? 그것은 상대가 자신과의 관계에 따라 변하는 대상이 아니라는 의미를 담고 있기 때문이다.

한편 일본인의 대인 관계를 살펴보면 0인칭인 사람이 2인칭인 사람에게 말을 건넨다고 한다. 0인칭이라는 표현이 아이러니하지만 '자신(주체)이 없다'는 의미다. 쉬운 일례로 일본인은 자신의 의견을 다른 사람에게 말할 때 상대가 자기보다 윗사람인지 아랫사람인지와 같은 상대와의 관계에 따라 어미가 달라진다. 그쯤으로 그친다면 그나마 다행일 테지만 대개는 내용까지 달라진다. 상사에게는 "네, 그렇군요."라고 말하고 술자리에 가면 "그럴 리가 없잖아."라며 정반대의 말을 한다. 서양인들은 그런 모습을 거의 보이지 않는다고 한다. 서양에서는 자신이 '이렇다'고 생각한 것은 상대가 누구든 똑같이 '이렇다'고 자신의 의견을 말하는 게 당연하다는 것이다.

물론 서양에도 상대와의 관계에 따른 변화가 있기는 하다. 프랑스어나 독어에는 문법적으로 2인칭에 두 종류가 있다. 친밀한 상대에게 사용하는 2인칭과 다소 어색한 관계나 분위기를 다잡을 때 사용하는 경칭이다. 하지만 일본인 특유의 것과는 차이가 있다.

모리 아리마사는 일본인 특유의 '2인칭 관계'야말로 미숙함의 근본 원인이라 생각했다. '2인칭 관계가 안락하기 때문에 거기로 도망쳐 들어간다'는 것이다. 분명 2인칭 관계에는 뜨뜻미지근한 안락함과 한번 빠져들면 좀처럼 헤어나올 수 없는 중독성이 있다. 그 안락함에는 자신을 주체로 세우지 않는 동시에 상대에게도 주체(1인칭)를 포기할 것을 요구하는 성질이 있다.

그 커뮤니케이션은 '나도 당신도 같다'고 하는 동질성의 확인에 중점을 두게 된다. 이래서는 서로 다른 개인과 개인이 만나 새로운 무언가가 생기는 의미 있는 커뮤니케이션이 탄생하지 않는다.

현실적으로?

누군가 내게 와서 이런 말을 한 적이 있다.

"마흔 번째 생일을 맞으니 너무 초조합니다. 나이도 그렇고 너무 많은 것을 잃었어요. 내가 마흔이 넘어서 살아갈 거라는 생각은 해본 적도 없어요. 상상도 못한 나이라 미래도 전혀 모르겠습니다."

나는 이렇게 대답했다. "그렇다면 앞으로의 인생은 덤 같은 것이군요. 어차피 덤인 인생, 자유롭게 살아보는 것은 어떨까요?"

그랬더니 그도 그런 식으로 생각해보려 했지만 그저 현실 도피로밖에 느껴지지 않는다며 "마흔이라는 현실을 외면한다면 현실 도피가 아닌가요?"라고 되물었다. 그래서 내가 물었다. "그 '현실'이란 것이 대체 무엇입니까?"

우리는 자주 '현실 도피'라는 말을 사용한다. 때론 '그래도 현실은……' 같은 문장으로 변주되기도 한다.

그러나 그 말이 아무래도 마음에 걸린다. '현실'이라는 말이 이렇게 사용될 때면 반드시 중요한 무언가를 허사로 만들어버리는 것 같다. '그런 꿈 같은 소리는 말고 현실을 직시하라!'는 말을 들으면 찬물을 뒤집어쓴 듯하다. 그것은 '현실'이라는 말에 '언어의 손때'가 들러붙어 있기 때문일 것이다.

이상한 이야기일지 모르지만, 사랑하는 할아버지가 세상을 떠난 후 그 뼈를 수습하면서 나는 왠지 모를 안도감 같은 것을 느꼈다. 이런 감정은 나 자신도 전혀 예기치 못한 것이었다. 화장을 마친 뒤 뼈를 보며 '모든 사람은 이 우주의 장대한 시간 속에서 극히 작은 점에도 미치지 못하는구나.' 하고 생각했다. '장대한 우주의 시간 속에서 한때 출현했다가 홀연히 사라져버리는 인간. 어떻게 살든 결국에는

이렇게 약간의 칼슘과 인 덩어리가 되어 다시 흙으로 돌아가는구나.'
하고.

그런 식으로 생각해보면 우리의 '현실'이 그렇게나 소중한 것일까? 곰곰이 생각해보면 돈이라는 것도 누군가가 인위적으로 결정한 규칙일 뿐이다. '현실'도 아이들이 은행놀이에서 말하는 돈과 전혀 다를 바 없다. 사회적 역할도 생각해보자. '나는 ○○ 회사의 부장'이라며 떵떵거리던 사람도 술집에서는 그저 취객이다. 회사 안에서는 부장으로서 훌륭할 테지만 그 '훌륭하다'는 것도 어떤 한정된 사회 안에서만 통용되는 판타지에 근거하는 것이다.

결국 '현실'이라 불리는 것도 한꺼풀 벗겨내면 한낱 '놀이'의 세계인 것이다. 아이들의 은행 놀이와 어른들의 은행 놀이라는 차이밖에 없다. 그렇게 생각하면 '현실/비현실'이라는 선긋기에 얼마나 확고한 근거가 있는지, 얼마나 의미가 있는지 의문이 든다.

그림을 보거나 연극을 보러 가거나 음악을 듣거나 아름답게 화장을 하고 밖으로 나가 맛있는 것을 먹거나 하는 '기분 좋은' 때에 우리에게 작용한 것은 과연 '현실'일까? 크리스마스 행사도 산타클로스라는 환상을 걷어내면 아예 행사 자체가 성립되지 않는다. 물론 '산타클로스는 존재하지 않는다'고 말하는 '현실'적인 사람이 크리스마스 행사를 즐기기도 하지만 말이다.

'현실'이라 부르는 것도 실은 많은 환상 중 하나에 지나지 않는다. 보다 많은 사람이 신봉하는 상상이 '현실'로서 특별 취급을 받는 것에 불과하다. 우리는 어느 순간 이 사실을 자각해야 한다.

'심적 현실성'에 대하여

환상과 현실을 동등하게 다루고, 일단 규명하고자 하는 유년기의 체험들이 어느 것에 속하는지 개의치 말자는 제안을 환자가 이해하는 데는 오랜 시간이 걸린다. 그럼에도 불구하고 이렇게 대하는 것이 심리적 산물에 대해 취할 수 있는 유일하게 옳은 태도다. 심리적 결과물 역시 일종의 현실성을 가진다. 환자가 그러한 환상을 만들어냈다는 사실 자체는 남아 있다. 그리고 만약 환자가 환상들을 실제로 체험한 것처럼 느낀다면, 이 사실은 그의 신경증과 관련해서 결코 적지 않은 의미를 지닌다. 이러한 환상들은 '물적' 현실성과는 반대로 '심적' 현실성을 가진다. 그리고 우리는 서서히 '신경증의 세계에서는 심적 현실성이 결정적'이라는 사실을 이해하기 시작했다.

S. 프로이트 《정신분석 강의》 3부 '신경증에 대한 일반 이론' 중에서

프로이트는 무의식이라는 개념을 주장하고 정신분석학을 창시한 인물이다. 그리고 여기서 말하는 '심적 현실성'의 중요성을 지적한 것도 그의 큰 공적 중 하나다. 보통 우리가 '현실'이라 부르는 것을 그는 '물적 현실성'이라 부르며 구별한다. 마음속 문제를 다루는 데는 '심적 현실성'이 '물적 현실성'과 막상막하, 아니 오히려 '심적 현실성'이 더 중요하다고 말하고 있다.

이것을 이론적으로 서술한 것은 프로이트가 처음이지만, 사실 그 이전에 셰익스피어도 자신의 작품에서 똑같은 말을 했다.

푸로스퍼로 ……. 우리의 여흥은 이제 끝났네. 이 배우들은,

내가 자네에게 말했듯, 모두 정령들이었어, 그리고

공기 속으로 녹아버렸지, 희미한 공기로.

그리고 이 광경의 바탕 없는 구조물처럼,

구름 모자를 쓴 탑들, 거대한 지구 자체도,

그래, 그것을 소유하는 그 모든 것들도, 용해되는 거라네,

그리고, 이 실체 없는 볼거리가 사라지듯,

구름 한 줌 남기지 않는 거라네. 우리는

꿈의 재료야, 우리네 삶은

잠으로 둘러싸여 있고 말야.

윌리엄 셰익스피어 《템페스트》 4막 1장 중에서

《템페스트》는 푸로스퍼로라는 인물이 지난날 자신을 국왕 자리에서 끌어내리고 나라 밖으로 추방한 동생과 그 일당에게 복수하는 이야기다. 그는 요정들을 이용해 여러 가지 환상을 만들어내어 그들을 골탕 먹인다. 이 대사는 복수를 끝낸 푸로스퍼로가 한 말이다.

셰익스피어는 '인간은 꿈이나 환상, 실체가 없는 환영 같은 것으로 만들어져 있다'고 푸로스퍼로의 입을 빌어 말하고 있다. 이 대사를 통해 우리는 매일같이 허덕지덕 쫓기고 얽매여온 '현실'이라는 것이 정말로 변함없는 것인가 하는 물음에 눈뜨게 된다.

각자의 환상

'심적 현실성'에 대한 이해가 충분하지 않을 때 카운슬러가 흔히 하는 실수가 있다. 예를 들어 의뢰인이 '어릴 적에 나는 부모로부터 학대받았다'고 말한 경우를 생각해보자. 카운슬러가 심적 현실성의 중요성을 이해하고 있다면 그의 이야기를 듣는 것으로 충분하다. 그런데 이를 제대로 이해하지 못한 경우에는 부모를 불러 '자제분이 이런 말을 했는데 진짜인가?'라고 굳이 묻는다. 경찰서에서 조서를 작성하는 것이라면 몰라도 마음의 문제를 다룰 때 '그런 생각은 의뢰인의 착각이 아닐까?' 혹은 '의뢰인이 잘못 생각한 건 아닐까?'라고 생각하는 것은 근본적으로 잘못된 태도다.

만약 그것이 만들어진 이야기였다고 해도 그런 거짓말을 해야만 하는, 거짓말을 하게끔 만든 무언가가 그 사람의 마음속에 분명히 존재한다는 것을 아는 것으로 충분하다. 마음의 문제는 자신이 어떻게 생각하는지에 따라서 정해지는 것으로, 객관적인 사실과는 무관한 것이다. 부모가 '충분한 애정을 주며 키웠다'고 한다 해도 아이가 어떻게 느꼈는지는 전혀 다른 것이다. 부모와 자식 모두 각자 별개의 '심적 현실' 속에서 살아가기 때문이다.

이처럼 사람들은 제각기 다른 심적 현실, 즉 다른 환상을 가지고 살아간다. 산타클로스에 대해서도 어떤 사람은 '분명히 있다'는 환상을 가지고 살아가고, 어떤 사람은 '산타클로스 따윈 없다'는 '현실'적인 환상을 가지고 살아간다. 만일 그 사람이 산타 대신 돈을 믿는다고 해도 그 또한 하나의 환상이다.

시간 감각도 이와 같아서 물리적인 시간으로 헤아린 햇수로 나이 듦을 느끼는 사람이 있는가 하면, 작가 헤르만 헤세처럼 '성숙해짐에 따라 젊어지는' 사람도 있다.

신이 존재하는가, 성서 속 이야기가 사실일까, 부처라는 사람이 정말로 존재했을까 등등 이런 것들도 신앙심을 근거로 한 '심적 현실'이기 때문에 역사적 사실 여부와는 별 관계가 없다. 오히려 성경이나 불경은 예부터 이어져 내려왔기 때문에 분명 어떤 중요한 메시지가 있을 것이라는 생각에서 읽으면 지금껏 보이지 않던 것이 새삼 보이거나 잠자던 감각이 깨어 움직이기 시작한다. '물적 현실'이 아니더라도 그런 다른 의미를 찾을 수 있다면 충분하지 않을까?

과거의 문명은 '타자성'의 이미지나 인식을 받아들여 자기 세계의 비전을 구성했다. 현대 사회는 그러한 이미지나 인식을 이성, 과학, 도덕, 그리고 건강의 이름 아래서 단죄한다.

옥타비오 파스 《활과 리라》 중에서

이것은 멕시코 시인 옥타비오 파스의 시론 중에 나오는 말이다. 그는 현대 사회가 이미지 즉 심적 현실성을 중요하게 다루지 않는 것은 이성, 과학, 도덕, 건강이라는 것이 기세를 떨치고 있기 때문이라고 말한다. 그가 현대 사회에서 감춰진 중요한 문제를 지적하고 있는 것은 아닐까?

실낙원

인간 고통의 기원

인간의 구조

지금부터 인간에 대하여 본격적으로 생각해보려고 한다. 그 전에 그림 3-1을 보고 인간이 어떤 구조로 이뤄져 있는지를 머릿속에 그려보자.

'머리'는 이성의 장소다. '마음'은 감정이나 욕구의 장소로서 '몸'과 일심동체로 연결되어 있는 감각의 장소이기도 하다.

이 그림에서 특히 중요한 것은 머리와 마음 사이에 뚜껑이 달려 있다는 점이다. 이것은 머리에 의해서 열리고 닫힌다. 따라서 이 뚜껑이 닫히면 '머리' vs '마음=몸'이라는 내부 대립, 즉 자기모순이 일어난다. 그러나 일심동체인 '마음'과 '몸'은 결코 어긋나는 일이 없다.

머리와 마음에 대해서는 상당히 혼동하기 쉬운 부분이 있으니 잠시 자세히 들여다보자.

그림 3-1

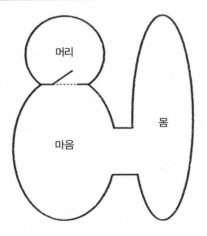

• 머리 : 이성의 장소   • 마음 : 감정, 욕구, 감각(직감)의 장소

a. 머리

머리는 이성의 장소다. 이성이란 컴퓨터 같은 기능을 하는 곳으로 0과 1이 존재하는 이진법을 기초로 움직인다. 앞에서도 잠시 다뤘던 '이원론'의 기본이 되는 곳이다. 여기서는 계산이나 정보의 축적, 그것을 근간으로 한 정보 처리(추측·분석·계획·반성) 같은 것이 이뤄진다.

머리에서는 '해야만 한다', '해서는 안 된다' 같은 언어를 사용한다. 영어로 말하면 'must'나 'should' 계열이다. 논리적인 것, 인과 관계를 생각하는 기능이 있어서 반드시 이유가 붙는다는 특징이 있다.

또한 시간·공간 인식에서는 과거를 분석하고, 미래나 이곳 이외의 장소를 모의 실험하는 것이 특기다. 과거에 대한 '후회', 미래에 대한

'불안'은 머리에서 만들어진다. 반대로 '지금, 이곳'에 관해서는 서툴러서 바르게 파악하지 못한다.

또 다른 머리의 중요한 특성은 무엇이든 제어하려는 경향성이다. 자신의 마음이나 몸에 대해, 닥쳐오는 운명에 대해, 자연에 대해 등등 그 대상에 제한을 두지 않는다. 착각해서는 안 되는 것이 하나 있는데 소위 '욕망'이라는 것은 '욕구'와는 달라서 마음이 아니라 바로 이 '머리'의 제어 지향에서 나온다는 점이다.

b. 마음

마음은 '하고 싶다', '하고 싶지 않다', '좋다', '싫다' 등등의 말을 사용한다. 영어로 말하면 'want to'나 'like' 계열이다. 이유나 의미, 의의 같은 것은 일일이 따라붙지 않는다. 그저 돌연 결단만을 말한다.

시간·공간 인식에서는 머리와 달리 '지금, 이곳'에 초점을 맞추고 날카롭게 반응한다. 따라서 매우 즉흥적이다. '전에는 이랬으니까 지금도 이렇겠지' 같은 과거의 정보에 근거한 반응을 하지 않는다. 그런 반응은 기억이나 시뮬레이션을 담당하는 머리가 한다.

또한 자신의 감정 즉 희로애락은 마음에서 생겨나는 반면, 기대했지만 끝내 이뤄내지 못했을 때 생기는 감정은 머리에서 만들어진다. 왜냐하면 미래를 시뮬레이션하고 그렇게 되길 원하는 '기대'의 감정은 머리의 제어 지향에서 오기 때문이다. 이렇게 질이 다른 두 가지 감정을 구별하기 위해서 머리에서 온 것은 '얕은 감정', 마음에서 온 것은 '깊은 감정'이라고 부르기로 하자.

c. 몸

몸은 마음과 연결되어 있어 밀접하게 연동한다. 욕구나 감각은 몸과 마음에 의해 생성된다. 또한 몸과 마음은 일심동체라 마음에 활기가 없으면 몸도 활력을 잃는다.

이처럼 인간을 이해하다보면 다른 동물과 인간의 결정적인 차이는 '머리' 부분에 있음을 알게 된다. 바로 이 '머리'가 인간을 에워싼 갖가지 현상의 열쇠를 쥐고 있다.

머리는 이원론에 근거한 이성이 활약하는 장소로, 불교에서 쓰는 말로 '분별'이라는 것과 통한다. 일반 쓰레기와 재활용 쓰레기를 분리하듯 선과 악, 옳고 그름 등 이원론으로 나눈다. 이 같은 분별 작용이 인류 문명을 만들었지만 동시에 인간의 불행을 낳는 근원이 되었음을 기독교·이슬람교·유대교 공통의 경전이나 불교의 경전에서도 한목소리로 주장하고 있다.

실낙원

주님께서는 동쪽에 있는 에덴에 동산 하나를 꾸미시어, 당신께서 빚으신 사람을 거기에 두셨다. 주님께서는 보기에 탐스럽고 먹기에 좋은 온갖 나무를 흙에서 자라게 하시고, 동산 한가운데에는 생명 나무와, 선과 악을 알게 하는 나무를 자라게 하셨다. (……) 그리고 주님께서는 사람에게 이렇게 명령하셨다. "너는 동산에 있는 모든 나무에서 열매를 따 먹어도 된다. 그러나 선과 악을 알게 하는 나무에서는 따 먹으면 안 된다. 그 열매를 따 먹는 날, 너는 반드시 죽을 것이다."

《구약성서》 '창세기' 중에서

신은 처음에 아담을 만들고 그의 늑골을 꺼내 그것으로 하와를 만들었다. 두 사람에게는 위와 같이 주의를 주었지만, 어느 날 뱀이 찾아와 하와에게 '너는 결코 죽지 않을 거야. 그걸 따먹으면 너희들은 눈을 뜨고 신처럼 선악을 아는 사람이 될 거야. 그래서 못 먹게 하는 거야.'라며 꼬드겼다. 그 말에 넘어가 하와는 아담을 유혹하여 함께 금단의 나무열매를 먹었다. 그러자 돌연 자신들이 남/여라는 성차가 있음을 깨닫고 부끄러워 무화과 잎으로 음부를 가렸다. 이것이 수치심의 시작이다.

그 모습을 본 신은 둘이 선악을 알게 하는 나무의 열매를 먹었다는 것을 알아차리고 추궁했다. 아담은 '하와가 꼬드겼다'고 말하고, 하와는 '뱀이 꼬드겼다'고 말한다. 책임 전가라는 것이 여기서 시작된다. 신은 이에 노하여 두 사람을 낙원에서 추방했다. 이것이 《구약성서》 창세기에 담긴 실낙원 이야기다.

나는 이런 의문이 들었다. 일반적으로 생각하면 인간이 선악을 판단할 수 있게 되는 것이 오히려 바람직하지 않을까? 왜 신은 그토록 엄하게 금지한 것일까? 성서에 대한 다양한 해석들을 나름 찾아 읽었지만 납득이 가는 해석을 좀처럼 만나지 못했다.

그러던 어느 날 내 머릿속에서 의문이 저절로 풀렸다. 열쇠는 '선악을 알게 하는 열매'를 먹은 직후에 두 사람이 무화과 나뭇잎으로 음부를 가린 데 있다. 그때까지는 벌거벗고 있어도 태연했던 두 사람이 왜 열매를 먹자마자 성차를 알아차리고 수치심을 느꼈을까? 맞다, 이 열매는 '선악을 알게 하는 열매'다. 사물의 선/악을 판단하는 이원론의 열매였던 것이다. 따라서 두 사람은 같은 인간임에도 남/여라는 구별이 생겼다. 그렇기 때문에 성차의 상징인 음부를 가릴 수밖에 없었다.

그렇다면 신은 왜 이원론의 획득을 엄하게 금지했을까?

이원론을 획득한 뒤 아담과 하와는 서둘러 책임 전가라는 나쁜 지혜를 사용해 도망치려고 했는데, 이것이 오히려 신의 노여움을 샀다. 이처럼 이원론적 사고라는 것은 인간의 교활함이나 사악함을 만들어내는 작용을 한다. 신은 이원론이 양날의 칼임을 잘 알고 있었고, 인간에게 그 복잡하고 까다로운 것을 안겨주고 싶지 않았기 때문에 금지했던 것이 아닐까?

기독교에서는 인간이 '원죄'를 짊어지고 있다고 생각한다. 원죄라는 것은 신의 금기를 깨고 '선악을 알게 하는 지혜나무의 열매'를 먹은 것을 가리킨다. 어떤 해석에서는 '신의 금기를 깬 것'에 중점을 두기도 하지만, 나는 '이원론의 획득'이야말로 인간의 '원죄'로 봐야 하지 않을까 생각한다.

분별계교

이번에는 불교에서 이원론, 즉 분별을 어떻게 생각하고 있는지 살펴보자.

但有心分別計較, 自心現量者, 皆是夢. 若識心寂滅, 無一動念處, 是名正覺.
(단유심분별계교, 자심현량자, 개시몽. 약식심적멸, 무일동념처, 시명정각.)

스즈키 다이세츠 《선 사상》 '안심법문' 중에서

'무릇 의식적으로 분별하고 헤아리면 자기 마음에 나타난 것은 모두 꿈이다. 만약 인식하는 마음이 사라지고 한순간도 마음이 움직이지 않는다면 그것이야말로 올바른 깨달음이다.'

선종의 창시자인 달마선사가 들려준 유명한 말이다.

이 말을 보다 쉽게 바꿔 말하면 '이성을 가지고 구별하거나 재거나 비교하여 사물을 자신의 머리로 받아들이는 것은 모두 꿈이나 환상 같은 것이다. 머리가 개입하지 않고 그런 계량 없이 사물을 받아들였을 때, 그것이 진정한 인식이다.'라는 의미일 것이다.

여기서도 진정한 인식을 일그러뜨리는 '분별계교(分別計較)'를 엄하게 경계하고 있다. 분별계교는 분별심에 의해 헤아리거나 비교하는 작용을 말한다. '머리'의 이원론적인 이성의 작용을 가리키는 것으로, 이것이 인간 과실의 근원이라 말한다.

불교에서는 인간의 고뇌나 불행의 근원을 번뇌라고 한다. 번뇌는 집착에 의한 것이고, 집착은 이원론적 이성의 작용이 만들어내는 것이다. '이렇게 되지 않도록'이나 '그렇게 되지 않으면 마음이 풀리지 않는다' 등, 집착이라는 것은 모두 '머리'에서 유래된 제어 지향 그 자체다. 이 사실을 불교의 선사들은 이미 간파했던 것이다.

사악함을 낳는 이성

태양이니 천지니 하는 것은 모르오.

내 눈에 띄는 것은 오직 인간들이 안달하고 괴로워하는 꼴뿐이오.

이 지상의 어린 신들은 언제나 같은 꼬락서니를 하고 있어서

차라리 그들에게 하늘의 불빛 같은 것을 주지 않았다면,

좀 더 잘살 수 있지 않았을까.

인간들은 그것을 이성이라 부르고 오직 그것을,

어느 짐승보다도 더욱 짐승답게 사는 데에만 이용하고 있소.

괴테 《파우스트》 중에서

이것은 《파우스트》 '천상의 서곡'에서 악마 메피스토펠레스가 주인인 신을 향해 고통을 호소하는 넋두리다.

'차라리 그들에게 하늘의 불빛 같은 것을 주지 않았다면' 하고 메피스토펠레스가 신에게 불평하는데, 이것은 성경에서 인간이 '선악을 알게 하는 열매'를 손에 넣은 일을 가리킨다. 괴테는 이원론적 이

성을 손에 넣은 인간의 사악과 부조리를 메피스토펠레스의 입을 빌려 말한다. '인간은 이성이라는 이름을 붙여 그것을 사용하며, 그것은 단지 어떤 짐승보다도 더 짐승답기 위해서'라고.

우리는 인간 안에 있는 짐승 같은 사악함이 날뛰지 못하도록 철저히 이성으로 제어하는 것이 중요하다고 배워왔지만 그것은 완전히 엉터리다. 짐승 같은 사악함은 사실 이성에 의해 만들어진다.

이성의 한계

이성 최후의 한 걸음은 자기를 초월하는 무한한 사물들이 있다는 것을 인정하는 것이다. 이것을 아는 데까지 이르지 않는다면 그 이성은 허약할 뿐이다.

파스칼 《팡세》 중에서

수학·물리학 분야에서도 위대한 공적을 남긴 파스칼은 그러하기에 오히려 이성의 한계를 잘 알고 있었을 것이다. 현대에도 진정한 엘리트 과학자들은 이성의 한계를 잘 분별하고 있다. 오히려 어중간한 과학자들이 이성으로 모든 것을 인식할 수 있다고 믿는 경우가 많다.

이원론적 이성에 근거한 과학은 형태가 있는 것·눈에 보이는 것·수량화나 계량이 가능한 것·재현 가능한 것·필연성이 명확한 것에 대해서만, 게다가 관찰 행위가 대상에 영향을 미치지 않는 경우에 한해서만 다룬다. 여기에는 엄청난 한계가 있다.

우리에게는 그 한계 바깥에 있는, 형태가 없는 것·질적인 것·일회성인 것·계속 변화하는 것·우연성에 지배당하는 것이 더 중요하다. 왜냐하면 그것들은 '살아있는 것'이나 '대자연'의 특성 그 자체이기 때문이다.

루마니아 태생의 극작가 외젠 이오네스코도 이성에 대하여 이런 말을 했다.

사람은 그 본질을 알 수 없다. 알지 못하면 적어도 느끼기라도 할 텐데, 그것도 하지 않는다. 감정의 면에서도 이성의 면에서도 도무지 전혀 알지 못한다. 이성으로는 불가능하다. 사람은 신을 이해할 수 없기 때문이다. 그러기에 사람은…… 여하튼 나는 노력을 기울여왔다. 상상도 할 수 없는 것을 상상하고, 이해 불가능한 것, 무한히 작은 것, 무한히 큰 것을 이해하고, 유한한 것도 무한한 것도 이해하려고 노력해왔다. 그러나 결국 우리들을 에워싸고 있는 큰 수수께끼들은 우리의 능력으로는 이해할 수 없는 것이다. 이지를 뛰어넘은 직관이 있어야만 비로소 이해할 수 있다.

J. 웨이스 《위험을 무릅쓰고 쓰다》 '외젠 이오네스코' 중에서

우리는 어릴 때부터 철저하게 과학적·합리적 사고방식을 강요받았다. 이성만이 신뢰할 수 있다고 배우며 성장해왔다. 그러나 이오네스코도 말하고 있듯이 직관이라는 것은 이성을 뛰어넘는 통찰력을 가지고 있다. 눈에 보이는 것을 넘어 대상의 본질을 간파한다. 직관은 인간이 선천적으로 가지고 있는 훌륭한 감각이다.

직관은 사용하면 할수록 정밀도가 높아지는데, 유감스럽게도 대부분의 현대인은 이 훌륭한 감각을 거의 사용하지 않아서 완전히 녹슬어버렸다.

유아나 자폐아동, 중증 정신병이나 인지증 환자처럼 언어 기능이 제대로 작동하지 않는 경우 그들은 대개 직관만으로 주위에 반응한다. 그 모습을 보고 있노라면 그들의 예리한 반응에 감탄하게 된다. 예를 들어 아기들은 자신을 안아올리는 사람들 중에서도 유독 어떤 사람에게만 심한 거부 반응을 보인다. 특정 사람이 다가가면 불에 덴 듯 자지러지며 운다. 틀림없이 어른에게는 보이지 않는 그 사람의 무언가에 반응하는 것이다. 그러나 이성이 발달한 어른들은 그 이유를 전혀 알지 못한다. 이것을 단순히 아기의 변덕으로 볼 것인가 아니면 직관적인 반응으로 볼 것인가로 큰 차이가 생긴다.

'머리'에 의한 독재

인간을 국가에 비유해보면 대개의 현대인은 '머리'가 독재자로 군림하는 전제국가다. '마음=몸'은 늘 '머리'에 감시당하는 노예처럼 통제당해 어느 정도까지는 인내하고 움직이지만, 그 인내가 한계에 다다르면 어떻게든 반란을 일으킨다.

예컨대 마음이 파업을 일으키면 우울상태가 되고, 폭동을 일으키면 조증상태나 감정 폭발이 일어난다. 그것조차 허락되지 않는 경우에는 어쩔 수 없이 신체적인 부조화로 표출된다. 또한 마음이 딴판으로 바뀌면 환각이나 망상을 겪는다.

몸도 그와 같다. 예컨대 섭식장애인 경우 식욕이 파업을 일으키면 거식, 폭동을 일으키면 과식이 된다.

내 전문 분야는 아니지만, 암도 원래 정상이던 세포가 전체의 균형을 무시하고 이상 증식하거나 나쁜 성질로 변하는 것이다. 이것 역시 머리의 독재적인 지배에 대한 세포 차원의 반란·폭동으로 볼 수 있지 않을까? 유감스럽게도 현재 의학 연구의 방법론에는 한계가 있어 그 같은 관계를 검증하기는 상당히 어렵다.

동물은 (유인원을 제외하고) '머리' 없이 '마음=몸'만으로 이뤄진 도식으로 이해할 수 있다. 따라서 동물은 자기 내부에 모순이나 대립을 일으키지 않는다. 어지간히 이상한 실험을 하지 않는 한 동물은 우울병이나 공황장애 같은 증상을 일으키지 않는다. 거기에 '머리'라는 부분이 새롭게 등장했다. 이것이 '선악을 알게 하는 열매'를 먹고 이원론적 이성을 획득한 인간인 것이다.

이른바 '마음=몸'이라는 원주민이 사는 나라에 '머리'라는 이민자가 찾아와 어느 사이엔가 원주민을 지배하는 상태, 이것이 우리 현대인의 모습이다. 다른 예를 들면 사장인 '마음=몸'이 부기와 계산에 능한 비서로서 '머리'를 고용할 작정이었는데, 어느 사이엔가 비서가 사장에게 지시를 내리는 시스템이 되어버린 것이다.

'마음=몸'은 '머리'가 미치지 못하는 깊은 지혜를 갖추고 있다. 그 차이가 엄청나다 보니 '머리'는 그 놀라운 능력을 이해하지 못하고 단순히 변덕이나 엉터리라고 생각한다. 그래서 '머리'는 '마음=몸'을 열등하다고 오해한다. 그 결과 '머리'는 잘난 체하며 '마음=몸'을 제어해야 한다는 생각에 이처럼 독재 체제를 만들고 만다.

'마음=몸'의 지혜

'마음'이나 '몸'은 '머리'가 미치지 못할 만큼 깊은 지식과 뛰어난 판단력을 갖추고 있는데, 그것은 어떤 형태로 나타날까?

간단한 예로 식욕을 생각해보자. 무엇이 몸에 좋은지 의학 서적을 확인하거나, 이러쿵저러쿵 열량 계산 따위를 하지 않아도 그때그때 몸에 필요한 것을 'OO가 먹고 싶다'는 방식으로 가르쳐준다. 고기만 먹은 다음 날은 채소가 먹고 싶고, 몸이 찰 때는 따뜻하게 해주는 매운 음식이나 국물 요리가 그리워진다. 늦은 시간 야식을 먹었다면 다음 날 아침에는 식욕이 없어 저절로 열량을 조절한다.

한약의 경우에도 그 사람의 체질에 맞춰 몸이 필요한 것이라면 맛있다고 느낀다. 흔히 하는 '좋은 약은 입에 쓰다'는 말은 옳지 않다. 또 옛날 약초 찾기의 달인들은 어떤 정보도 없이 자신의 오감을 사용하여 여러 약초를 찾아냈다.

이런 식으로 미각이나 후각은 그때그때 자신에게 필요한 것을 '맛있다'는 쾌감으로 분명히 가르쳐주고, 불필요한 것은 '맛없다'는 감각으로 알려준다.

그러나 이때 '머리'가 어정쩡하게 개입하여 '몸에 좋으니까' 또는 '요전에는 맛있었으니까'라는 생각을 섞으면 이 과정이 제대로 이뤄지지 않는다. 한약도 어느 날은 맛도 좋고 효과도 있던 것이 며칠 뒤에는 맛이 없어 먹을 수 없는 경우가 있는데, 그때 억지로 먹어봤자 효과를 얻지 못한다. '몸'은 매일 시시각각으로 변하기 때문에 늘 같은 게 좋다고 말할 수 없다.

자신만의 정체(整體) 방식을 창시한 노구치 하루치카는 이런 말을 했다.

> 인간은 기분 좋은 방향으로 움직이면 건강해지고, 건강해지면 어떤 것을 해도 기분이 좋아진다. 그리고 기분 좋은 방향을 거스르지 않는 것만으로 자연히 튼튼해진다. 그 같은 맥락에서 '좋은 약은 입에 쓰다'는 말은 틀렸다. 머리를 거치는 대신 의식 이전의 쾌감을 그대로 느끼고 그것이 행동으로 이어지도록 생활하면 인간은 저절로 튼튼해진다. 반면 의식이 지나치게 발달하면 그러기가 어렵다.
>
> 노구치 하루치카 《정체입문》 중에서

인간의 '몸'과 '마음'이 본래는 알아서 적절한 판단을 하고 쾌/불쾌라는 신호로 자기 자신에게 좋은 것을 가르쳐준다는 말이다. 그런데 언제부터인가 인간은 그것을 믿지 않게 되었고, 오히려 '머리'로 반대의 명령을 내려 자연스럽지 못한 상태에 자신을 몰아넣게 되었다.

이성이 전혀 필요 없다고 말하는 것은 아니다. 이성은 자신의 역할을 잘 알고 일해야 한다는 것을 말하고 싶을 뿐이다. 비서는 비서의 역할을 알아야 한다는 것이다.

독일의 사상가 니체도 대표작《차라투스트라는 이렇게 말했다》에서 다음과 같이 '몸'에 대하여 찬미한다.

몸은 하나의 거대한 이성이며, 하나의 의미로 꿰어진 다양성이고, 전쟁이자 평화이며, 가축의 무리이자 양치기다.

형제여, 그대가 '정신'이라고 부르는 그대의 작은 이성도 그대 몸의 도구이며, 그대의 커다란 이성의 작은 도구이자 장난감이다.

그대는 '자아'라고 말하면서 이 말에 자부심을 느낀다. 그러나 보다 위대한 것은, 믿고 싶지 않겠지만, 그대의 몸이며 그대의 몸이라는 거대한 이성이다. 이 거대한 이성은 자아를 말하지 않고 자아를 행동한다.

니체《차라투스트라는 이렇게 말했다》'몸을 경멸하는 자들에 대하여' 중에서

설명을 덧붙일 필요 없이 간결하고 강력한 말이다.

'자아'에 사로잡힌 '머리'의 작은 이성에서 벗어나, '자아'를 행동하는 육체 즉 '마음=몸'에 있는 큰 이성을 믿고 의지하는 것이 우리 현대인에게 가장 필요한 일이 아닐까?

여기서 주의해야 할 점은 '머리'가 '마음=몸'의 쾌/불쾌 판단에 관여하지 않는 것을 엄밀하게 분간하는 것이다. 현대인은 '머리'가 참견하는 것에 완전히 익숙해져 있기 때문에 이 잡음을 없애는 일이 의외로 어려울지 모른다.

우주의 파편

하나의 생물로서 인간의 독자적인 부분은 '마음＝몸'인데, 그것을 인간 안에 '내재된 자연'이라고 볼 수 있지 않을까.

그런 관점에서 생각하면 '마음＝몸'은 자신을 만들어주지만, 엄밀히 말해 자신의 것은 아니다. '자연'에서 빌린 것이다.

앞에서 니체가 말한 바 '그것은 자아를 말하지 않고 자아를 행동한다'는 것이야말로 이에 상응한다. '나'라는 1인칭이나 '나의'라는 소유격을 주장하는 것은 '머리'뿐이고, '마음＝몸'은 원래 그런 것에 사로잡히지 않고 자연의 원리로 움직인다.

철학자 데카르트는 '나는 생각한다, 고로 나는 존재한다'고 말했다. 그것이 틀린 말은 아니지만 거기서 전개되어가는 '나'의 이야기는 '머리' 중심의 전제에서 출발하기 때문에 그리 풍요롭지는 않을 것 같다.

이 같은 '내재된 자연'을 고려하여 표현해보면 그림 3-2처럼 될 것이다.

'자연'은 대자연이나 우주라 해도 좋을 것이고, 종교적으로는 절대자나 초월자 혹은 신이나 불성이라고 해도 좋을 것이다.

인간의 '마음＝몸'을 대우주의 작은 파편, 또는 출장소 같은 것으로 파악함으로써 우리는 '머리'로 자신의 '몸'이나 '생명'을 생각하고 집착하는 상태에서 조금은 자유로워질 수 있지 않을까.

2강에서는 1인칭이 되지 못하는 미숙한 상태로서의 0인칭을 문제

그림 3-2

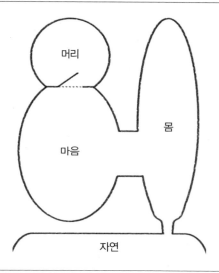

로 삼았다. 하지만 1인칭이 된 시점에서 더욱 앞으로 나아가 '자신'을 초월하는 인식에 이르면 다른 의미에서 0인칭이 되는 것이라 할 수 있다. 이런 0인칭은 무아의 경지로서 예부터 사람들이 추구해온 것이고, 가장 성숙한 인간의 모습이다.

신이 사람을 창조했을 때, 신은 그 영혼 안에서 신의 재주와 같은 것을 발견했다. 그것은 신이 실제로 부리는 재주로, 영원한 신의 재주다. 그 재주는 영혼 이상 그지없이 큰 것이고, 또 영혼조차도 다름 아닌 신의 재주다. 신의 본성, 신의 존재, 그리고 신의 신성은 신이 사람의 영혼 안에서 일하고 있음을 여실히 보여준다.

《에크하르트 설교집》'신과 신성에 대하여' 중에서

에크하르트는 13세기부터 14세기에 걸쳐 프랑스와 독일에서 활약한 신학자다. 이 '내면의 신'이라고 부를 만한 그의 사고방식은 교회를 난처하게 했다. 교회의 존재 이유를 없애는 발상이었기 때문이다. 그로 인해 에크하르트는 세상을 떠난 뒤 곧바로 기독교 교회로부터 이단 선고를 받았다.

그러나 인간의 영혼 속에서 신이 일하고 있다는 에크하르트의 발상은 그것을 '신'이라 부를지 '자연'이라 부를지의 차이는 있어도 인간의 내면에서 경외할 만한 것을 봤다는 점에서 그림 3-2와 통한다. 이것은 모든 것에 '불성'이 존재한다고 생각하는 불교 사상과도 일맥상통하는 인간관·세계관이라 할 수 있다. 우리는 거기서 종교를 뛰어넘은 보편적인 신앙심을 볼 수 있지 않을까?

제 4 강

'좋은 습관'이라는 병

뒤틀린 인간

신이 만물을 창조할 때에는 모든 것이 선하지만 인간의 손이 닿으면 모든 것이 망가진다.

(……)

인간은 자연을 그 자체로 내버려두지 않고 더럽히며, 괴이한 것을 좋아하여 모든 것을 파괴하고 손상시킨다. 심지어는 인간조차도 조련마처럼 훈련시키고 정원수처럼 자신의 취미에 맞게 모양을 바꾸려 한다.

루소 《에밀》 중에서

18세기 계몽사상가 루소의 대표작 《에밀》에 나오는 말이다. 젊은 어머니들을 대상으로 쓴 이 책은 에밀이라는 이름을 가진 가공의 아이를 키워가는 줄거리로, 예의범절이나 교육에 대해 논하고 있다.

오늘날 교육론의 고전이 된 이 책도 발표 당시에는 출판 금지 처분을 받았다. 루소는 인간이 다른 동물이나 식물처럼 원래 '잘 만들어진' 것이라고 생각했다. 당시 사람들은 루소의 이러한 인간관에 강한 거부 반응을 보였다.

현대에도 인간을 둘러싼 사정은 아무것도 달라지지 않았다. 여전히 인간은 자연스러운 모습을 존중받지 못하고 이리저리 뒤틀린다. 게다가 우리는 그것조차도 깨닫지 못할 만큼 완전히 마비되어버렸다.

우리는 어떻게 비틀리고 구부러지는가. 그리고 무엇이 우리를 그렇게 만드는가.

'규칙적인 생활'은 정말 중요한가

어린아이에게 가르쳐야 할 습관 중 하나는 어떤 습관에도 물들지 않는 것이다.

루소 《에밀》 중에서

우리는 대개 '좋은 습관을 익히는 것이 중요하다'고 배우며 성장해왔다. 그런데 루소의 이 말은 그것을 근본부터 뒤엎는, 실로 획기적인 지적이다.

'습관'이라는 것을 잘 생각해보면 이것도 이원론적 이성의 산물임을 알 수 있다. 습관은 인간의 행동을 어떤 매뉴얼대로 제어하는 장치다. 자칫하면 인간의 유연성·즉흥성을 빼앗고 체인점의 접객 매뉴얼처럼 표면만 정돈되고 내적으로는 자연스럽지 못한 상태를 만들어낸다.

'습관'을 지지하는 생각으로 '인간은 규칙적으로 생활해야 한다'는 것이 있다. 규칙적인 수면, 규칙적인 생활 시간, 규칙적인 식사 등이 너무도 당연히 중요시되는데, 우선은 이 점부터 철저히 생각해봐야 한다.

예컨대 우울병 환자는 자주 밤낮이 뒤바뀐다. 아침에는 일어나지 못해 늦은 오후까지 자고 저녁 무렵에 일어나 밤에는 잠들지 못하고 새벽녘이 되어서야 겨우 잠이 든다. 그런데 병원에 입원해 치료를 받으면 '규칙적인 생활이 가장 중요하다'는 지적을 받는다. 낮에는 억지로 졸음을 참으며 깨어 있어야 하고, 밤에는 잠이 오지 않아도 9시면 불을 끄고 수면제를 먹어서라도 잠을 청해야만 한다.

나는 이런 방식을 바꿔야 하지 않을까 생각했다. 그래서 '밤낮이 바뀐 생활도 좋다. 상태가 호전되면 저절로 생활 리듬이 원래대로 돌아올 것이다.' 하고 상담해 보았다. 그런데 뜻밖에도 이 치료법이 훨씬 좋은 경과를 보였다.

환자에게 낮은 정신적으로 매우 힘든 시간이다. 자신은 아무것도 하지 못해 빈둥거리는데 세상 사람들은 일을 하거나 학교에 다닌다. 철저히 살아내야 하는 시간이다. 한편 밤은 세상 모든 사람이 수면으로 휴식을 취한다. 그러니 밤에는 자신을 책망하는 마음도 초조한 마음도 생기지 않는다. 그렇기 때문에 우울병 환자의 낮과 밤이 뒤바뀌는 것이다.

환자가 기껏 자신에게 유리하도록 밤낮을 바꿔놓았더니, 세상은 바람직하지 않다며 비난한다. 그러면 상태는 더욱 악화된다.

뒤바뀐 밤낮은 자책으로부터 자신을 지키기 위해 '마음＝몸'이 마련해놓은 대책이다. 따라서 우울 상태에 있는 사람에게 밤낮이 뒤바뀌는 일은 너무도 자연스러운 일이다. 그 작용에 자신을 맡기면 보다 쉽게 진정한 치유력을 발휘할 수 있다.

인간에게는 바이오리듬이라는 것이 있고 여성에게는 월경 주기도 있다. 여러 가지 사건 사고로 기분도 이리저리 변한다. '생물'인 인간은 계절도 날씨도 나날이 변하는 환경 속에서 살아간다. 그러니 시계로 정한 인공적인 시간에 맞춰 '규칙적'인지 아닌지를 논하는 것 자체가 너무도 난폭한 이야기다.

예를 들어 기압이 낮고 비가 오는 날에는 대부분의 사람들이 일찍 일어나고 싶어하지 않는다. 좀 더 자고 싶어 한다. 본디 원시 시대의 농경민이나 수렵민도 그런 날에는 일찍 일어날 필요가 없었다. 어차피 비 때문에 일을 하지 못했기 때문이다. 따라서 인간은 그런 날에는 평소보다 늦게까지 자도록 진화해왔다.

이처럼 수면 시간이라는 것은 매일 다른 게 당연하다. 하루에 몇 시간을 자야 한다는 지식에 휘둘려 강박적으로 집착하는 것이 오히려 자연스럽지 못하다.

건강법의 함정

소위 말하는 '○○건강법'이나 '건강식품' 때문에 건강을 해치는 일도 드물지 않다. 어떤 건강법이나 식품을 '매일 반드시'라는 방식으로 이용하면 '생물'의 자연에 반하기 때문이다.

식사만 하더라도 '하루 세끼를 꼬박꼬박 챙겨먹어야 한다'거나 '아침밥을 먹지 않으면 몸에 나쁘다'는 사고가 거의 상식처럼 자리 잡고 있다. 하지만 '매일 반드시 지켜야 한다'는 경직된 사고방식은 '생물'로서는 아무래도 부자연스러운 일이다.

어른들은 자주 학생들에게 '아침밥을 먹어야 한다'는 이야기를 한다. 여기에는 '아침밥을 먹는 아이가 공부를 잘한다'는 데이터를 근거로 이용한다. 그러나 잘 생각해보면 아침밥을 먹으라는 부모의 지시에 순순히 따르는 아이와 학교가 가르치는 학습 내용에 별 무리 없이 따르는 아이는 순종적이라는 측면에서 일치한다. 긍정적인 상관이 있는 것은 당연하다. 그런데 이것이 과연 과학적인 데이터인지에 대해서는 의문이 든다.

아침 시간에 공복감을 느낀다면 아침밥을 먹는 것이 바람직하다. 그러나 그렇지 않다면 굳이 억지로 먹을 필요는 없다. 최소한 12시간 이상 공복인 것이 소화 배출에도 바람직하고, '몸'이 필요하면 공복감을 통해 아침을 먹을지 말지 알려줄 것이다.

또한 감기에 걸려 식욕이 없을 때 '억지로라도 먹어야 빨리 낫는다'고 말하는데 이것도 잘못된 생각이다. 육체가 바이러스나 세균과 싸울 때는 원래 공복 상태여야 한다. 그래야 백혈구의 식욕이 높아져 면역력이 증강된다. 따라서 식욕이 없는 것은 실제로 이치에 맞는 현상이다. 자연에서 사는 동물도 병에 걸렸을 때는 먹지 않고 웅크린 채

꼼짝도 않고 회복을 꾀한다.

이처럼 '머리'가 개입한 건강에 관한 지식이 매뉴얼로 경직화되면 그것이 옳은 내용일지라도 오히려 건강과 멀어진다. 최선의 건강법이란 '머리'보다는 상황에 따라 '몸'이 들려주는 소리에 귀 기울이고 가능한 한 그것을 존중하는 유연성을 가지는 것이 아닐까.

물론 현대인은 살아가면서 자연적인 방법을 따를 수 없는 경우도 많을 것이다. 그러나 그러한 경우라도 자신에게 자연스럽지 못한 것을 강요하고 있다는 자각을 하는 것, 그것만으로도 큰 차이가 생긴다.

북풍과 태양

북풍과 태양이 누가 더 힘이 센지 논쟁을 벌이다가 나그네의 옷을 빨리 벗기는 쪽을 승자로 인정하기로 했다. 먼저 북풍이 거세게 바람을 일으켰다. 그러나 바람이 거셀수록 나그네는 옷깃을 여미고 외투를 꼭 감싸 잡았다. 마침내 북풍이 지쳐 포기하고 태양에게 기회를 넘겼다. 태양은 갑자기 온 힘을 다해 빛을 비추었다. 나그네는 따뜻한 햇빛을 느끼자마자 외투를 벗었고, 하나씩 옷을 더 벗다가 마침내 열기를 이기지 못하고 옷을 다 벗은 채 개울에 들어가 몸을 씻었다.

《이솝 동화집》 '북풍과 태양' 중에서

자, 나그네는 왜 옷을 입고 있었을까?

추워서 옷을 입고 있었다. 북풍은 그 옷을 우격다짐으로 벗기려고 했다. 그러나 나그네는 세찬 바람 때문에 더욱 추위를 느끼고 오히려 옷을 움켜쥐었다. 한편 태양은 나그네가 원하는 것, 따뜻함을 주었다. 나그네는 옷을 차려입을 필요가 없어져 스스로 시원스레 옷을 벗어 버렸다.

북풍의 방식은 제어 그 자체다. 3강에서 말했지만 '머리'의 이성은 북풍처럼 사물을 제어해서 해결하려는 경향이 있다. 습관에 의한 컨트롤, 시간에 의한 컨트롤, 지식에 의한 컨트롤, 매뉴얼에 의한 컨트롤 등. 하지만 진정한 변화는 내면에서 자발적으로 일어나는 법이다. 그것을 가능케 하는 것이 태양의 방식이다.

태양의 방식은 어떤 문제에 접근할 때 표면적으로 드러난 문제만 우격다짐으로 제어하는 것이 아니라 문제가 발생한 근본적인 원인을 보는 것이다. 무엇이 부족한지 명확히 알고 그것을 해결하는 데 필요한 행동을 취한다.

북풍의 방식은 대상을 일그러뜨리고 파괴하는 데 반해 태양의 방식은 대상에게 진정한 변화를 가져온다. 이것은 자기 자신과 마주할 때도, 타인과 마주할 때도 해당되는 보편적인 대원칙이다.

자기 컨트롤 병

'머리'가 '마음=몸'을 강력하게 제어하려 들면서 여러 병적인 상태가 발생한다. 이러한 자기 컨트롤이 일으키는 마음의 문제에 대하여 몇 가지 구체적인 병태를 들어 생각해보자.

a. 강박 신경증

최근에는 강박성 장애라 부른다. 강박 관념이 머리를 지배하는 신경증으로 대개 그것에 근거한 강박 행동을 동반한다.

강(强)하게 다그친다(迫), 대체 무엇이 다그치는 것일까? 바로 징크스 같은 것이다. '이걸 하지 않으면 큰일이 난다'는 생각이 강박 관념이다.

강박 관념은 다양한 모습으로 나타나는데, 우선 수에 집착하는 숫자 강박을 살펴보자. '4와 13은 불길하다'는 기본적인 징크스에서 시작하여 길을 갈 때 도로의 보도블록을 세고 '네 번째는 불길하니 뛰어넘어야 한다'고 집착한다. 더욱 심화되면 이들의 배수도 피해야 한다고 생각한다. 이 같은 집착에 조금이라도 반하면 격렬한 불안감에 사로잡혀 안심할 때까지 수차례 반복한다. 집착이 모든 행동을 지배하게 되면서 생활을 꾸려나갈 수 없게 된다.

불결 공포증도 강박 신경증의 전형적인 병태 중 하나다. 욕실에 들어가면 먼저 수도꼭지가 더럽다는 생각에 수도꼭지를 닦기 시작한다. 닦는 동안에 비눗방울이 이곳저곳으로 튀면 다시 그것을 닦는다. 그것이 끝없이 반복하여 이뤄진다. 이렇게 되면 한번 목욕하러 들어가서 대여섯 시간은 욕실에서 나올 수 없다.

대중적인 것으로 문단속이나 불단속을 수차례 반복 확인하는 확인 강박이라는 증상도 있다. 이것도 시간이 흐름에 따라 더욱 심화되어 스스로 납득할 때까지 확인하는 횟수가 점차 증가한다. 함께 사는 사람에게도 몇 번이고 반복해서 '괜찮다'고 확인받지 않으면 직성이 풀리지 않는다.

그들은 언뜻 매우 논리적으로 보인다. 철저하게 논리적 추론에 집착하는 성향을 충분히 활용한다. 만일의 경우 일어날지도 모르는 위험에 대해 '괜찮겠지'라거나 '될 대로 되겠지'라고 생각하지 못한다. 경직된 논리가 극대화된 모습이다.

외과의사는 수술 전에 까다로운 손 씻기 매뉴얼에 따라 손을 닦고 소독한다. 이것은 감염 방지를 위한 합리적인 방법인데, 불결 공포증인 사람의 손 씻기도 이것과 본질적으로 같다. 하지만 보통 생활에서 그처럼 철저히 손을 닦아야만 할까? 그렇지 않다. 우리에게는 어느 정도의 면역력과 저항력이 갖춰져 있기 때문이다. 그러나 강박 신경증인 사람은 이 점을 전혀 고려하지 않는다.

이런 차원에서 보면 강박 신경증인 사람은 '정신 저항력'이 떨어져 있는 상태라고도 할 수 있다. 면역 저항력을 계산에 넣지 않고 스스로 철저한 위험 회피 매뉴얼을 만든다.

운명에 대해서도 마찬가지다. 누구에게나 어떤 불길한 느낌을 갖게 하는 것이 있다. 하지만 불길한 일은 좀처럼 일어나지 않는다. 그런데 강박 신경증인 경우에는 자꾸만 불길함이 치밀어 오른다. 그것을 없애기 위한 강박적 의식을 빈번히 하지 않으면 한시도 안심하지 못한다. 보통은 고작 운수 사나운 해의 액막이 부적을 사는 것쯤으로 끝나는데, 이런 사람은 부정을 말끔히 씻어내기 위해 강박적 의식을 생각해내고 철저히 실행에 옮긴다. 마치 '운명의 무균실'을 만들려고 하는 것 같다. 운명은 '우연히' 이뤄지는 법인데 그것을 받아들이지 못하니 엄격한 제어를 통해 '필연'에 매달리는 것이다.

이것은 평소 '머리'에 의해 강하게 제어당하는 '마음'이 그에 대한 반발로써 불길한 느낌을 난발하고 '머리'는 이리 뛰고 저리 뛰며 야단법석을 떠는 상태라고 할 수 있다.

그렇다면 '머리'는 왜 '마음'을 강하게 제어하려고 하는 것일까?

그것은 자신이 '반도덕적'이라 생각하는 어떤 감정이 '머리'에서 분출되는 것을 억제하기 위해서다. 사람은 각자 꽤 다른 '도덕'을 내면에 가지고 있다. 예를 들어 프로이트는 성욕을 억압함으로써 강박 신경증에 이른 경우를 이야기했지만 실제로 내가 만난 환자들은 강한 '분노'에 대한 억압 때문에 신경증이 되는 경우가 많았다.

치료가 진전되어 환자가 '분노'를 억압해왔다는 사실을 깨닫기 시작할 무렵에 "당신은 자신의 분노가 핵미사일 같아서 발사하면 전세계가 파멸할지 모른다고 생각하는가?"라고 묻는다. 그러면 대개의 경우 고개를 끄덕인다. 그 사람은 '핵미사일' 발사를 피하기 위해 필사적으로 자기 컨트롤을 해온 것이다. 그러나 그런 컨트롤이 강박 신경증을 일으키고 말았다.

이후 치료를 하면서 '분노'가 왜 그런 이미지를 가지게 되었는지, 또 어떤 '도덕'이 자신을 규제하고 그것은 어떻게 형성되었는지 하는 문제를 다룬다.

여기서 알 수 있는 것은 인간을 선한 존재로 이끌어야 할 '도덕'이 오히려 인간을 일그러뜨리는 원인이 되고 있다는 사실이다.

b. 섭식장애

'몸'에 대한 '머리'의 지배 때문에 일어나는 대표적인 증상이 섭식 장애다. 대개 다이어트를 계기로 시작되며 몸이 머리에게 하는 일종의 복수라 볼 수 있다.

'머리'를 어머니에 비유하고 '몸'을 아기라고 생각해보자. 아기는 배가 고플 때 먹어야 한다. 그런데 어찌된 일인지 어머니는 아기가 배고플 때 젖을 물리지 않고, 배부를 때 젖 물리기를 반복한다. 그러면 어떻게 될까? 아기는 위축된 상태가 된다. 아기가 배가 고픈데도 젖을 거부하면 그것은 거식증이다. 반대로 배가 부른데도 식욕이 폭주하여 자꾸만 젖을 요구하면 이것은 과식증이다.

거식은 파업, 과식은 폭동이라고 볼 수 있다. 실제로 거식 증상으로 시작된 섭식장애가 나중에는 과식으로 이어지는 경우도 드물지 않다.

다이어트를 할 때 '머리'는 자신이 이성적으로 생각하는 신체 이미지를 독단적으로 설정하고, 식사와 운동 등을 열량 수치로 환산한다. 그리고 체중계의 숫자를 근간으로 몸을 제어한다. 숫자라는 '양'에 구속당한 상태라고 할 수 있다.

자연스러운 식욕이라는 것은 결코 열량만 따지는 것이 아니다. 그때마다 몸에 필요한 음식의 종류를 가르쳐주고 적절한 것을 먹었을 때는 '맛있다'고 느낀다.

다이어트에서 식생활의 '질'적인 면은 경시되기 십상이고, 당질·단백질·비타민·섬유질이라는 영양소 분류에 마음을 빼앗기기도 한다. '마음이 담긴 요리'나 '생명이 담긴 식재료'는 등한시한다. 끼니를 혼이 담긴 음식으로 채우기는커녕 그저 차에 휘발유를 보급하듯 몸에 연료를 채운다고 생각한다.

과식한 사람은 대부분 이후에 자기혐오에 빠지고 반성한다. 반성이라는 것은 '머리'가 폭동을 진압하고 제재를 가하는 것이기에 당연히 얼마 지나면 다시 폭동이 일어난다. 이 반복이 심화되면 '반성의 악순환'이 일어난다. 이 반성을 멈추지 않는 한 과식은 끝나지 않는다.

그래서 나는 오히려 '더 먹으라'고 말한다. 정말 중요한 '질'적인 문제에 대해서도 반드시 덧붙인다. "어차피 먹을 거라면 정말로 먹고 싶은 것을 맛있게 드세요. 냉장고에 있는 거니까 혹은 가격이 저렴하니까 같은 이유로 대충 먹지 마시고."

과식도 거식도 '양'의 병리이기 때문에 '질'의 기능이 작동하지 않는다. 맛이 있는지 없는지, 좋은지 싫은지도 느끼지 않는다. 그러니 '질'적인 문제를 꼭 들춰내야 한다.

거식 치료에서는 '아무것도 필요 없다'며 환자를 괴롭히던 식욕을 어떻게 본래 상태로 회복하는지가 성패를 가른다. 그러므로 왜 먹지 않느냐고 꾸짖는 것이 아니라 너그럽게 기다려주는 일도 필요하다. 물론 지나친 경우에는 생명이 위험하기 때문에 때로는 입원 치료를 하면서 강제적으로 영양을 공급할 때도 있다.

그러나 그런 위기 사태에 이르지도 않았는데 일률적으로 강제 급여하는 것은 오히려 상태를 악화시킨다. 제어 문제로 일어난 병리인데, 의료가 또 다른 제어를 더해주기 때문이다.

섭식장애의 밑바닥에는 뿌리 깊은 자기부정이 있는 경우도 적지 않다. 그 같은 경우에는 철저하게 그 뿌리에 집중해서 치료해야 한다. 지엽적으로 나타나는 증상에만 초점을 맞추면 문제는 좀처럼 해결되지 않는다.

섭식장애가 되기 쉬운 사람은 '바람직한 자신'을 향해 맹렬히 자기 컨트롤을 하는 타입이다. 보통이라면 칭찬을 받아 마땅한 '강한 의지력'이 문제인 것이다. 이들은 '나는 이럴 리 없다'며 끊임없이 자신을 채근한다. 반대로 다이어트를 시작하고 곧 좌절하는 사람에게는 일단 섭식장애 같은 문제는 일어나지 않는다.

치료에서 중요한 것은 '바람직한 자신'을 향해 단련해나가는 게 아니라 '있는 그대로의 자신'을 인정하는 것이다. 자기가 형성한 이미지를 바꿔야 한다. 이에 대해서는 본 강의 끝에서 다룰 것이다.

c. 은둔형 외톨이·등교거부·가정폭력

부모가 아이를 제어함으로써 아이 내면에 제어 체제가 내재화되고, 그것이 원인으로 일어나는 문제도 다양하다. 이러한 고전적인 문제의 골격만 이야기하면 다음과 같다.

부모는 자신의 인생에서 이루지 못한 바람을 아이에게 강요한다. 부모의 욕망이 아이에 대한 컨트롤로 나타나는 것이다. 대부분 '너를 위해서 해야 한다'는 형태로 이루어지고, 부모 스스로는 그것이 아이에 대한 애정이라고 맹신한다. 그리고 충분한 판단력이 키워지지 않은 아이는 비록 그것을 갑갑하게 느껴도 부모가 "너를 위해서야."라고 말하면 의미 있는 일일 것이라 생각한다. 때문에 내키지 않는 '마음'을 무시하고 이것을 받아들인다.

이런 과정을 거쳐 아이의 내면에 '머리'에 의한 자기 컨트롤 체제가 형성된다. 아이는 이 자기 제어 체제에 따라 행동할수록 부모에게 좋은 평가를 받기 때문에 더욱더 부모가 시키는 대로 행동하게 되는 조건부여가 이뤄진다.

그런데 어느 시점이 되면 아이의 '마음' 속 안내의 끈이 끊어지고, '마음'이 '머리'에 예속되는 것을 거부하며 반발한다. '마음'의 에너지가 크고 감성이 발달한 사람일수록 그 시기는 더 일찍 찾아온다.

이러한 반역은 사회 부적응의 형태를 띠는 일이 많아 등교거부, 은둔형 외톨이, 가정 내 폭력 또는 건강 불량이나 자상 행위 등으로 표출되기도 한다. '너를 위해'라며 부모가 자신에게 강요했던 것이 어느 순간 '부모를 위한' 것이었음을 깨닫고 어디에 쏟아내야 할지 모르는 분노가 끓어오른다. 이런 감정이 외부로 향하면 폭력이나 일탈 행동이 되고, 안으로 향하면 은둔형 외톨이나 자상 행위가 된다.

그러나 대부분 이러한 분노는 주위로부터 정당한 것으로 인정받지 못하고, 표면적으로 드러난 상태만을 근거로 하여 '이상'으로 판단하기 때문에 치료나 교정의 대상이 되기 쉽다.

곤란해진 부모는 전문가의 조언에 의존하게 되는데, 그곳에선 이렇게 말한다. "지금까지 부모의 육아 방식에 문제가 있었던 것은 아닌가? 원인은 부모의 애정 부족이다. 자녀의 기분을 헤아리고 어릴 때 주지 못했던 만큼 충분히 애정을 쏟아야 한다." 전문가의 말을 들은 부모는 완전히 자신감을 잃는다. 그리고 아이의 기분을 살피는 데만 전전긍긍하게 된다.

한편 아이는 갑자기 변해버린 부모의 모습에 당혹감을 느낀다. 더 나아가 부모가 반성하는 틈을 타서 이전에 부모에게 받은 것을 반전시켜 자신의 '욕망'을 부모에게 쏟아내기 시작한다. 부모는 아이가 제멋대로 구는 행동을 그대로 받아주는 것이 애정이라고 굳게 믿기 때문에 그저 아이에게 예속되어버린다.

아무리 분노를 표출하고 원망을 해도 부모가 반응조차 보이지 않으니 아이는 더욱더 격렬히 제멋대로 구는 폭군으로 변모한다. 이런 상태가 지속되면 부모의 마음속에도 분노가 담긴다. 그러면 아이는 부모가 보여준 애정이 그저 표면적인 것임을 민감하게 감지하고 더욱 난폭해진다.

이 출구를 모르는 악순환의 상태가 장기화되면 부모의 분노가 극한에 치달아 자기 자식을 살해하는 사건이 발생하기도 한다.

d. 난치성 우울병

앞의 패턴처럼 아이의 내면에 컨트롤 체제가 만들어지고 그 컨트롤이 매우 강한 경우에는 '마음'의 불만이 완전히 봉인되어버린다.

컨트롤의 중심에는 '머리' 속에 있는 도덕적인 관념이 자리 잡고 있다. 이 도덕관념은 점점 비대해져 '겸허'나 '자기비하'를 명목으로 엄하게 자기비판을 자행한다. 상당히 높은 기준을 만족시켰을 경우에만 자신을 인정하고 그 이외의 자신은 인정하지 않는 강권적 체제를 지속한다. 그리고 '자신을 사랑하는 것'은 자신의 응석을 받아주는 것이라 여겨 금지하고 멀리한다.

아무리 노력하고 실력을 쌓아도 스스로를 칭찬하는 일은 금지되어 있기 때문에 살아가는 것은 끝없는 노력과 극기 수련 같은 것으로 느껴질 뿐이다. 힘들다고 말하는 것은 '도피'하는 것이라 절대 금물이다. 그러다 보면 자신의 내면 깊은 곳에는 피로감과 자기부정이 쌓여 가는데 스스로는 이것을 알아차리지도 못한다.

어느 날 약간의 실수나 좌절이 계기가 되어서 돌연 설명할 수 없는 '죽고 싶은 원망'이 생긴다. 처음으로 자기를 컨트롤할 수 없는 상태에 빠지고, 자신의 의지와 상관없이 의료 기관을 찾는다. 그곳에서는 '우울병이니 꼬박꼬박 약을 챙겨먹고 느긋하게 쉬어라.' '너무 생각하지 마라. 생각이 지나치면 병이 된다.' 같은 말을 듣기도 한다.

그래서 어쩔 수 없이 약을 먹으며 시키는 대로 휴양을 하지만 '이건 병이 아니라 단순히 게으름을 피우는 것 아닐까' 하는 자기비판이 멈추지 않는다. 보이는 증상이 조금이라도 가벼워지면 초조함에 못 이겨 '이제 사회에 복귀해야 한다'며 자신을 채찍질하고 행동하기 시작한다. 하지만 곧 차단기가 떨어지듯 다시 움직일 수 없게 되고, 한층 호되게 자신을 비판하고 자기혐오에 빠진다.

가족이나 지인으로부터 '혼자 생각에 빠져 있는 것은 좋지 않으니 조금씩 밖으로 나와 몸을 움직여보는 게 어떤가?'라는 말을 듣고 스스로도 그래야 한다고 생각하여 '머리'가 다시 명령을 내린다. 그러나 '마음=몸'은 더욱 움직여주지 않는다. 죽고 싶다는 마음이 솟아나도 '죽고 싶어 하는 나는 정말이지 한심한 인간이다.' '좀 더 주위 사람들을 생각해야 한다.'며 즉시 '머리'가 반성하고 죽고 싶다 생각하는 '마음'을 더욱 제어한다.

이 같은 나날이 쌓여가면 자기부정이나 죽고 싶은 마음은 보다 심각해진다. 하지만 '주위 사람들에게 걱정을 끼칠 것'이라 생각하며 결코 죽고 싶다는 말은 하지 않는다. '고민하는 얼굴도 보이지 말자'며 계속하여 온 힘을 다해 노력한다. 그러다 얼마 지나지 않아 짓눌려 있던 '마음'이 폭발하여 어느 날 진짜로 자살하기도 한다. 주위 사람들은 '왜 죽은 거야? 전혀 모르겠어. 그토록 건강하고 고민하는 모습도 볼 수 없었는데 말이야.'라며 어찌할 바 몰라한다.

비극은 이처럼 겹겹이 쌓이고 쌓인 제어에 의해 만들어진다. 이 같은 예는 결코 과장된 것이 아니다. 오히려 매우 간략화된 이야기다.

그렇다면 우리가 할 수 있는 일은 무엇인가? 먼저 보편적으로 만연해 있는 이성(理性)에 대한 맹목적 신앙이나 컨트롤에 대한 자신의 상황을 깊이 인식해야 한다. 매뉴얼이나 기성 이론으로는 이런 '마음'의 문제를 감당하지 못한다. 진정 힘을 가진 것은 '바른 말'이 아니라 살아있는 인간의 '살아있는 말'이다.

자기 형성 이미지

어떻게 자신을 형성할 것인가란 물음에 '바람직한 자신'을 떠올리는 사람들이 있다. '바람직한 자신'을 형성하는 방식은 소조와 같다. 그들은 자신이 원하는 어떤 상을 만들기 위해 계속해서 점토나 석고를 붙여간다. 작은 틈만 있어도 그 자리를 채우고 메우기 위해 무언가를 덧붙이려 한다. 마찬가지로 늘 '나는 이러하지 않으면 안 된다'는 이상적인 설계도를 목표로 하여 가능한 한 가까이 다가가기 위해 노력한다. 이것은 '머리'가 컨트롤하는 것이다.

그런데 내가 생각하는 자기 형성 이미지는 조각적인 것이다. 어떤 덩어리가 있고, 그 안에 그 사람의 가장 중심적인 부분 즉 핵이 있어 그 부분은 매우 단단하다. 그곳을 향해 깎아낸다. 쓸데없는 부분을 깎아 없애고 최종적으로 빛나는 핵을 연마한다. 보석의 원석을 연마하는 이미지다(그림 4-1).

'진정한 자신'이라는 것은 이미 자기 안에 내재해 있다. 어딘가에서 가져오는 것이 아니다. 자신도 '진정한 자신'이 어떤 모습인지 모르는 상태에서 자기 형성 작업은 시작된다. '자신'을 탐색해가는 과정인 것이다.

우리가 해야 할 일은, 아직 알 수 없는 '진정한 자신'에 대한 경외심을 품고 계속 조각을 해나가는 일이다. 이것이 '진정한 자신'과 만나기 위한 중요한 마음가짐이다.

나츠메 소세키의 단편집 《몽십야》 중에 승려 운경이 아무 계획도

그림 4-1

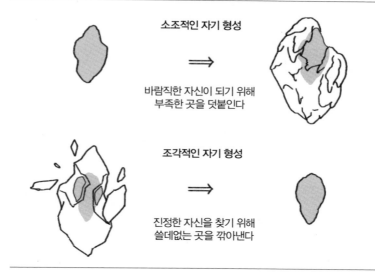

소조적인 자기 형성

⟹

바람직한 자신이 되기 위해
부족한 곳을 덧붙인다

조각적인 자기 형성

⟹

진정한 자신을 찾기 위해
쓸데없는 곳을 깎아낸다

없이 끌로 나무를 깎아 훌륭한 불상을 만든다는 이야기가 나온다. 그 중에서 다음과 같은 대목이 있다.

운경은 굵은 눈썹을 한 치 높이에 가로로 조각하고, 끌을 세우거나 눕히거나 하며 망치를 내리쳤다. 단단한 나무가 단숨에 깎아지고 두툼한 끌밥이 망치 소리에 맞춰 튀더니 콧방울이 벌어지고 성난 코의 옆면이 갑자기 부풀어 올랐다. 그 칼날은 너무나도 거리낌 없었다. 그렇게 찰나의 의심 없이 깎아나갔다.

"저리 무작정 끌을 사용하여 잘도 눈썹이나 코를 만드는구나."

나는 너무도 감탄하여 혼잣말처럼 말했다. 그러자 좀 전의 젊은 남자가 이렇게 말했다.

"저것은 끌로 눈썹이나 코를 만드는 게 아니오. 그대로의 눈썹이나 코가 나무속에 묻혀 있던 것을 끌과 망치의 힘으로 파낼 뿐. 마치 땅속에서 돌을 캐내는 것 같아서 결코 잘못될 리 없소."

나츠메 소세키 《몽십야》 '여섯 번째 밤' 중에서

운경의 조각법이야말로 조각적인 자기 형성 이미지다.

운경은 나무 속에 묻혀 있는 부처의 모습을 보았다. 따라서 그저 그것을 덮어 감추고 있던 쓸데없는 나무를 깎아냈을 뿐이다.

인간의 성숙 과정

낙타·사자·아이

지금까지 인간의 마음에 대해, 특히 그것을 믿고 존중하는 것이 얼마나 중요한지에 대해 말했다. 분명 이 같은 사고방식에 저항감을 느끼는 사람도 있을 것이다. 누군가는 '마음'대로 살다가는 감정에 지배당해 감정적인 인간이 되어버릴 것이라며 걱정할 것이다.

　3강에서 언급했지만 감정에는 두 종류가 있다. '머리'에서 오는 얕은 감정과 '마음'에서 오는 깊은 감정이다. 이번 강에서는 감정에 대해 조금 더 자세히 생각해보자.

감정의 우물

우선 '마음'에서 오는 깊은 감정에 대해 알아보자.

그림 5-1은 '감정의 우물'을 그린 것이다.

그림 5-1 감정의 우물

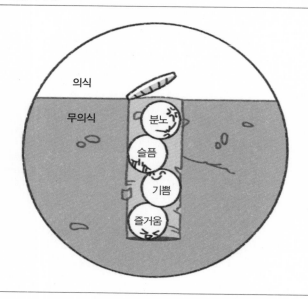

이 그림에서 위쪽 흰 부분은 의식 영역이고, 아래쪽 회색 부분은 무의식 영역이라고 생각하자. 바꿔 말해 윗부분이 '머리', 아랫부분이 '마음'이다. 그림 3-1처럼 여기에도 뚜껑이 있어서 의식(머리)에 의해 열고 닫힌다.

아래 영역에는 우물이 깊게 파여 있고, 우물 안에는 감정의 공이 네 개 들어 있다(여기서는 이해를 쉽게 하기 위해 감정을 단순화시켜 희로애락 네 가지로 표현했다).

감정이 땅속에 묻혀 있을 때 우리는 그것을 의식하지 못한다. 지상 즉 의식의 영역으로 나와야 비로소 자각할 수 있다.

네 가지 감정의 공은 이 그림처럼 아래부터 즐거움(樂)·기쁨(喜)·슬픔(哀)·분노(怒) 순으로 우물 안에 들어 있다. 이것은 내가 지금까지 임상 경험으로 밝힌 매우 중요한 소견이다.

네 개의 공은 순서대로 들어가 있어서 가장 위에 있는 공이 나오지 않으면 두 번째, 세 번째 공도 밖으로 나오지 못한다. 여기서 위쪽 두 개는 흔히 '부정적인 감정'이라 불리는 것이다. 아래 두 개는 '긍정적인 감정'이라 불리는 것으로, 위쪽 두 개의 '부정적인 감정'이 의식으로 나오지 않는 한 나올 수 없는 구조다.

1강에서 나는 '부정을 긍정으로 바꾼다'는 사고방식은 바람직하지 않다고 말했는데, 그것은 여기서 유래한다. 깊은 감정에서 '부정' 없는 '긍정'은 있을 수 없기 때문이다. 일명 '포지티브 씽킹'이라 불리는 사고방식으로 실현되는 것은 고작해야 '얕은 감정 멈추기' 같은 표면적인 것일 뿐이다.

감정을 차별하지 않는다

'감정의 우물' 그림에서 가장 위에 있는 것이 '분노'라는 데 주목해 보자.

우리는 평소 '분노'에 대해 어떤 식으로 생각하고 있을까? 아마도 '가급적 드러내지 않는 게 좋다', '분노는 나쁜 것이다'라고 생각하는 사람이 많지 않을까?

두 번째 '슬픔'에 대해서는 어떠한가. 우리는 어린 시절부터 '남자는 우는 게 아니다', '계속 울기만 해서는 해결되지 않는다' 같은 말을 들으며 성장해왔기 때문에 은연중에 남 앞에서 슬픔을 드러내서는 안 된다는 생각을 가지게 되었다.

하지만 '분노'나 '슬픔'이 나오지 않으면 '기쁨'이나 '즐거움'도 나올 수 없다. '분노'나 '슬픔'을 부정적이라고 보는 것 자체가 근본적으로 크게 잘못되었다. 긍정/부정 혹은 선/악이라는 이원론으로 감정을 차별하는 데서 벗어나야 한다.

깊은 감정은 모두 존중받아야 할 소중한 감정이다. '부정 하나 없이 긍정만으로 살아가자'는 것은 구름도 비도 없이 늘 쾌청한 날을 바라는 것과 같다. 그런 날씨가 계속되면 그곳은 결국 사막이 되어버린다. 자연스럽게 드러나는 분노나 슬픔은 기쁨이나 즐거움처럼 똑같이 중요하다.

그런데 이것은 깊은 감정에 대한 설명이다. 자신은 '분노'가 나오지 않아도 기쁘다거나 즐겁다고 하는 사람이 있는데, 얕은 감정의 차원에서는 물론 가능하다. 하지만 좀 더 근원적으로 나를 뒤흔드는 감정에서는 이 같은 질서가 존재한다.

깊은 감정에는 부정적이고 위험 인자라 여겨지는 '분노'가 가장 위에 있기 때문에 많은 사람들이 이 우물의 뚜껑을 덮어버리려고 한다. 하지만 정신요법이나 카운슬링 중에도 환자가 변하기 시작할 때는 '분노'가 맨 처음에 나타난다. 이것은 깊은 차원에서 변화가 시작될 때 나타나는 중요한 징조다.

대개 주위 사람은 물론 본인조차도 '너무 쉽게 짜증냈다', '이전보다 화를 잘 낸다'며 이것을 부정적인 징조로 받아들인다. 하지만 이 분노를 겪어야 한다. 그래야 감정의 우물 뚜껑이 열린다. 이렇게 생각해보면 어떨까. 분노는 감정의 변비를 해소해주는 고마운 배출 직전의 통증 쯤이라고.

감정의 신선도

이처럼 '분노'는 감정의 우물 맨 꼭대기에 있고, 깊은 감정을 자유로이 표출하는 데 중요한 열쇠를 쥐고 있다. 그렇다면 어째서 우리는 '분노'를 '표출해서는 안 되는 것'으로 인식해왔을까? 우리가 알고 있는 '분노'가 외면하고 싶은 질 나쁜 것들이기 때문은 아닐까?

'분노'에 대하여 상세히 검토해보자.

분노의 공을 그림 5-2처럼 확대해보면 위쪽 대부분은 오래된 분노, 아래쪽 아주 적은 부분만이 신선한 분노다(슬픔도 이와 같다). 생선회에 비유하면 쉽게 이해할 수 있다. 오래된 부분은 부패되어 고약한 악취가 풍긴다. 신선한 부분은 산뜻하고 맛있다. 오래된 분노란 글자 그대로 과거의 분노를 가리킨다. 신선한 분노는 '지금 여기'에 한정된 분노다.

오래된 분노 부분에는 과거에 사로잡힌 분노들이 넝쿨처럼 얼키설키 얽혀 있다. 오랜 세월 담아두었던 만큼 원망도 크고 질도 나쁘다.

그림 5-2 '분노'의 공

이처럼 오래된 분노는 그것을 품에 끌어안고 있는 상태만으로도 넌더리나는 것이고, 드러낸 후에도 역시 뒤끝이 찜찜하다.

　A씨가 청소를 하다가 무심코 꽃병을 깨뜨렸다고 가정해보자. A씨의 가족이 다가와 '대체 너란 사람은 늘 덜렁거린다. 전에도 그릇을 깨더니, 그 전에는⋯⋯.' 하며 장황하게 과거의 실수를 다시 들춘다. '덜렁거린다'는 지적이 비록 맞는 말이라고 해도 지적받는 사람은 불쾌해 듣기 싫고, 지적하는 사람도 뒷끝이 찜찜해 잠시 시간이 흐른 뒤에 반성하기도 한다. 반성은 다시 여러 가지 일을 삼키고(감정의 우물 뚜껑을 닫고), 마음속에 담아두게 만든다. 그리고 다시 오래된 분노가 쌓이고 쌓여 폭발했을 때, 이때까지 쌓아놓은 악질적인 분노가 그대로 터져 나오게 된다.

유감스럽게도 세상에서 보는 '분노'의 감정 대부분이 이 '오래된 분노'다. 어린 시절부터 부모와 주위 어른들의 오래된 분노만 보며 성장했다면 특별히 누가 가르치지 않아도 '화내지 않는' 인격이 만들어진다. 그런데 아이러니하게도 이렇게 분노를 표현하지 않으면 우물 속에는 오래된 분노가 가득 쌓인다. 그 감정은 어느 한도를 넘었을 때 뚜껑이 튕겨나가듯 벌컥 열려버리고 만다. 평소에 '절대 그런 사람은 되지 않겠다'고 생각했던 자신의 모습에 경악하고 마는 것이다.

그렇다면 신선한 분노란 어떤 것일까?

그것은 '지금 이곳'에만 반응하기 때문에 자신에게 거북하거나 상대의 불만을 사지 않는다. 단지 상대의 어느 말이나 행동에 대해서만 분노가 발동한다. 예를 들면 이런 거다. TV 드라마에서 주인공이 "나 따위는 태어나지 않는 게 좋았어."라고 말하면 곁에 있던 친구나 연인이 "당치 않은 소리 마!" 하고 한 대 쥐어박는다. 그러면 주인공은 그제서야 '내가 잘못 생각했구나' 하고 깨닫는 그런 느낌이라 생각하면 될 것이다. 나쁜 것에 대해 번쩍 하고 번개가 내리치는 듯한 형태의 분노로, 뒷맛은 상쾌하고 감동마저 느껴진다. 그리고 결코 뒤를 돌아보지 않는다. 무엇보다 거기에는 사랑이 느껴진다.

정신요법을 통해 일단 이 뚜껑이 열리면 반드시 오래된 분노부터 표출된다. 오래된 감정이라서 듣는 사람도 결코 기분이 좋지는 않다. 하지만 이때 '그런 소리 하지 마.'라며 뚜껑을 닫아버리면 더는 앞으로 나아갈 수 없다. 이 시기에는 오래된 분노가 아직 신선했던 무렵을 떠올리며 낡은 감정이 모두 나올 때까지 곁에서 도와야 한다.

낡은 분노가 다 분출되면 마침내 신선한 분노가 나온다. 여기서부터는 듣는 사람도 진심으로 공감할 수 있는 내용으로 바뀐다. 그 다음에는 '슬픔'이 나오게 된다. 이 감정도 처음에는 오래되어 눅눅하고 비관적인 슬픔이 나오지만 차츰 공감할 수 있는 신선한 것으로 바뀌어간다.

이인증에 대하여

깊은 감정이 '머리'에 의해 강하게 억압당한 경우에 인간의 정신은 갖가지 변조를 맞이하게 되는데, 그 최고는 이인증이다.

이인증상이란 현실감을 잃은 상태로, 자신에게 일어나는 현상은 물론이고 보고 듣는 모든 것을 남의 일처럼 데면데면 느끼는 것이다. 자신의 일을 마치 영화나 슬라이드를 보거나 타인의 일을 멀거니 바라보는 듯이 느낀다. 슬프다, 화난다, 행복하다, 괴롭다 등등 말로는 알지만 그 내용을 실감하지 못한다. 물론 자기 안에서 감정이 끓어오르는 일도 없다. 이것을 감정표현 불능증(실감정증)이라고 말한다.

깊은 감정이 정체되어 있는 상태에서는 감정이 내실을 동반하지 않을 뿐 아니라 살아 있는 감각을 잃어버린다. 마치 로봇 같은 상태다.

이렇듯 인간이 활력을 가지고 살아가기 위해서는 반드시 깊은 감정이 자유로이 움직여야 한다.

술주정

술주정을 전문적으로는 '병적 명정'이라고 하며 이것도 감정 억압과 크게 관계가 있다.

사람들은 대부분 술에 취해 난폭하게 행동하거나 폭언을 할 때만 '이상'이라고 생각한다. 하지만 문제의 핵심은 술에 취하지 않은 때에 있다. 술주정은 평소 타인을 배려하고 겸손한 사람에게서 많이 나타난다. 평소에는 본래 자신을 강하게 억제하고 작게 움츠러드는 것이다. 술을 마시지 않은 때에는 감정의 우물 뚜껑이 단단히 닫혀 있다.

알코올은 감정의 우물 뚜껑을 닫는 '머리'의 제어력을 약화시킨다. 따라서 평소에 계속 억제하느라 압력이 높아진 감정은 폭발적으로 뚜껑을 박차고 분출된다. 감정의 우물 속에는 오래된 분노가 켜켜이 쌓여 있기 때문에 지독하게 썩은 냄새를 내뿜는다. 그러나 대개의 경우 이후에 반성이 이뤄지기 때문에 다시 뚜껑이 닫히고 또다시 '분노'가 쌓인다. 이것도 '반성의 악순환'을 이룬다.

마음을 토해내는 노트

오래된 분노는 표출되어야 한다. 그런데 그 과정에서 의뢰인의 인간관계가 쉽게 깨진다는 문제가 발생한다. 오랜 세월 쌓이고 쌓인 분노가 봇물 터지듯이 터져 나오면 아무래도 주변 사람들에게 지나친 분노를 드러내기 쉽다. 그런 문제를 최소화하면서도 오래된 분노를 모두 표출해내는 방법이 필요하다.

이때 감정의 우물 뚜껑을 열고 분노를 표출하는 것과 분노를 말로 내뱉는 것이 '다르다'는 점을 이해해야 한다. 뚜껑을 열고 분노를 토해내야 하지만 그걸 말로는 하지 않는 것이 좋다. 구체적으로 상대에게 원망이나 미움을 그대로 쏟아내는 것이 아니라 자기 안에서 그 감정을 승인하는 데서 그치면 인간관계가 깨지는 문제를 얼마든지 피해갈 수 있다. 이론상으로 그렇다. 하지만 단순히 감정을 승인하는 것만으로 오래된 분노가 해소되는 것은 아니다.

그래서 나는 오래된 분노를 글로 표출할 것을 권한다. '감정을 토해내는 노트'를 한 권 준비하여 끓어오르는 분노나 짜증이 밀려올 때마다 적어본다. 단, 이것은 일기가 아니니 매일 쓸 필요도 없고, 쓰고 싶을 때는 여러 장을 써도, 큰 글씨로 마구 휘갈겨 써도, 그림이나 일러스트를 그려도 좋다. 여하튼 자신의 마음이 홀가분해질 때까지 적는 것이 요령이다. 그리고 이 노트는 치료사를 비롯하여 어느 누구에게도 보여주지 않는다.

혼자 볼 노트지만 처음에는 생각처럼 자신의 마음을 솔직히 토해내지 못하는 사람이 많다. 완전히 솔직하게 글을 쓰는 데는 큰 용기가 필요하다. 끈덕지게 자신의 낡은 감정을 노트에 써가다 보면 조금씩 자유로이 쓸 수 있게 되면서 그 자체로 홀가분해진다. 그리고 처음에는 감정을 토해 담던 노트가 차츰 내용 면에서 풍부해지고 최종적으로 반성을 위한 매우 중요한 도구로 변모한다.

그저 자신의 의식 속에 쌓아두는 것과 글자로 자신의 외부로 꺼내 놓는 것은 엄청나게 큰 차이가 있다. 노트에 쓰는 동안 자기 안에 억눌려 있던 오래된 분노와 슬픔이 넝쿨처럼 줄줄이 밖으로 나와 정리되고 정화된다. 이승을 떠돌던 혼령 같던 오래된 감정이 이 작업을 통해 구원받는다.

이 작업은 자기 분석으로 이어지거나 훗날 자신과의 창조적인 대화도 가능하게 하므로 매우 큰 의미가 있다. 옛날부터 사람들이 일기를 쓰는 것을 중요하게 여긴 건 일기에 이 같은 효용이 있었기 때문 아닐까.

'가짜 마음'에서 생겨나는 얕은 감정

지금까지 '깊은 감정'에 대해 살펴봤다. 그렇다면 '얕은 감정'이란 어떤 것일까?

자주 '감정적'이라는 말을 듣는 감정이 바로 얕은 감정이다. 이 감정은 '머리'에서 생긴다. '마음'에서 온 깊은 감정이 '지금 이곳'에 반응하는 데 반해, 얕은 감정은 '머리'에서 오며 과거나 시뮬레이션을 한 미래처럼 '여기 이외'의 장소에 반응한다. 이를 테면 과거의 사건에 끌려 다니거나, 기대했지만 이루지 못한 일 혹은 본래 다른 대상을 향해야 하는 감정이기도 하다. 또한 머릿속 사고방식과는 다른 무언가를 만났을 때에 나타날 수 있다.

그림 5-3

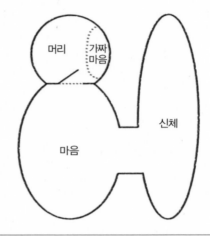

얕은 감정은 충동적이라 지금 당장 토해내지 않고는 견디질 못한다. 그 때문에 '신경질적'이라고 형용되고는 한다.

머릿속에서 얕은 감정을 생성하는 곳을 '가짜 마음'이라고 부르자(그림 5-3).

3강에서 머리가 주로 사용하는 말이 '해야 한다', '해서는 안 된다' 등이라고 했는데, 이 가짜 마음은 마치 '마음'에서 나온 것처럼 '하고 싶다', '하기 싫다'는 말로 위장한다.

'회사에 가고 싶은데 갈 수가 없다.'

'공부하고 싶은데 몸이 말을 듣지 않는다.'

이런 말들은 조금만 생각해도 '가짜 마음'으로 위장된 것임을 알 수 있다.

만일 회사에 가고 싶다는 마음이 '진짜 마음'에서 온 것이라면 '갈 수 없다'는 생각은 일어나지 않는다. 앞서 설명한 것처럼 우리의 몸과 마음은 모순되지 않기 때문이다.

이 경우에는 '가고 싶다'가 가짜 마음이다. 진짜 마음은 '회사에 가야 하지만 (가기 싫기 때문에) 갈 수 없다'이다. 이것은 자신이 의도적으로 바꿔놓은 것이 아니라 자기도 모르는 새 '가짜 마음'으로 바꿔치기된 결과다. 게다가 '머리'가 단단히 뚜껑을 닫고 있어 '가기 싫다'는 진짜 마음을 인식하지 못한다.

정신요법에서는 의뢰인의 말을 이런 관점에서 헤아려 듣는 것이 매우 중요한 포인트다. '회사에 가야 하지만 갈 수 없다'고 말하는 것보다 '가고 싶지만 갈 수 없다'라고 말하는 때가 더 복잡하다. '가짜 마음'이 보다 강하게 관여하고 있는 상태이기 때문이다. 그것은 '머리'의 제어가 보다 강하고 교묘하게 이뤄지고 있다는 증거다. 그만큼 '머리'가 강하게 억누르고 있어 의뢰인에게 접근하는 데는 더 강한 끈기와 신중함이 필요하다.

그러나 어떤 감정에 대하여 스스로 이해하는 것이 결코 어려운 일은 아니다. '마음'에서 유래한 깊은 감정이라면 분명히 몸과 일치할 것이고 거기에는 견디기 힘든 성급함도 없다. 깊은 감정이라면 소중히 생각하고, 얕은 감정이라면 그것에 휘둘리지 않도록 주의해야 한다. 얕은 감정은 '머리'에 의한 자기점검·자기수정 작업일 뿐이고 '머리'의 버전 업으로 이어진다.

다니카와 슌타로의 '폭풍 뒤'라는 시에 인상적인 구절이 있다.

이성은 오류를 범한다고 하지만 감정은 어떤가

샘처럼 끝없이 뿜어져 나오는 감정은

비록 인간을 파괴로 이끈다고 해도

옳다

다니카와 슌타로 《세상을 아는 라즈》 '폭풍 뒤' 중에서

깊은 감정을 믿는다는 것은 '마음'을 믿고 살아가는 것이며, 인간을 움직이는 깊은 흐름인 자연이나 운명을 믿는 것이기도 하다.

인간의 보잘것없는 이성으로는 미루어 짐작할 수도 없는, 이 깊은 흐름에 몸을 맡기고 살아가는 것이 운명을 온몸으로 받아들이며 사는 것이다. 니체도 만년에 운명을 사랑한다는 의미에서 '운명애'라는 말을 사용하여 이 경지의 소중함을 전했다.

낙타·사자·아이

니체는 《차라투스트라는 이렇게 말했다》 '세 가지 변화'라는 장에서 인간의 변화·성숙 과정을 낙타, 사자, 아이라는 비유를 사용하여 잘 표현했다. 다소 길지만 발췌해보았다.

나는 그대들에게 정신의 세 가지 변화에 대해 말하고자 한다. 어떻게 하여 정신이 낙타가 되고, 낙타는 사자가 되며, 사자는 마침내 아이가 되는가를.

내면에 외경심이 깃들어 있는 강력한 정신, 인내심 많은 정신은 무거운 짐을 잔뜩 지고 있다. 그 정신의 강인함은 무거운 짐을, 가장 무거운 짐을 요구한다.

무엇이 무겁단 말인가? 인내심 많은 정신은 이렇게 물으며 낙타처럼 무릎을 꿇고는 짐을 가득 싣고자 한다.

(……)

인내심 많은 정신은 이 모든 무겁기 그지없는 짐을 짊어지고 그의 사막을 달려간다. 짐을 가득 실은 채 사막을 달리는 낙타처럼.

하지만 고독하기 그지없는 사막에서 두 번째 변화가 일어난다. 여기에서 정신은 사자가 된다. 정신은 자유를 쟁취하려 하고 사막의 주인이 되고자 한다.

정신은 여기에서 그의 마지막 주인을 찾는다. 정신은 마지막 주인, 최후의 신에게 대적하려 하며, 승리를 위해 정신은 이 거대한 용과 일전을 벌이려 한다.

정신이 더는 주인으로 신으로 여기지 않으려는 거대한 용은 무엇인가? '너는 해야 한다.' 이것이 그 거대한 용의 이름이다. 그러나 사자의 정신은 이에 대항하여 말한다. "나는 원한다."

'너는 해야 한다'는 황금빛으로 번쩍이며 정신이 가는 길을 가로막는다. 그것은 비늘 달린 하나의 짐승이며, 그 비늘마다 '너는 해야 한다!'라는 명령이 금빛으로 빛나고 있다.

(……)

형제들이여, 정신에 있어서 사자는 무엇 때문에 필요한가? 왜 무거운 짐을 견디는 짐승으로 만족하지 못하는가? 체념과 외경심으로 가득한 낙타 말이다.

새로운 가치의 창조. 이것은 사자도 이루지 못할 일이다. 그러나 새로운 창조를 위한 자유의 획득. 이것은 사자의 힘으로 할 수 있는 일이다.

자유를 쟁취하고 의무 앞에서도 신성하게 '아니요'라고 하기 위해서는, 형제들이여, 사자가 되어야 한다.

(……)

그러나 말하라, 형제들이여, 사자도 하지 못한 일을 어떻게 아이가 할 수 있단 말인가? 강탈하는 사자가 이제는 왜 아이가 되어야만 하는가?

아이는 순진무구함이며 망각이고, 새로운 출발, 놀이, 스스로 도는 수레바퀴, 최초의 움직임이며, 성스러운 긍정이 아닌가.

그렇다. 창조라는 유희를 위해서는, 형제들이여, 성스러운 긍정이 필요하다. 이제 정신은 '자신의' 의지를 원하고 세계를 상실한 자는 이제 '자신의' 세계를 되찾는다.

　　　　　　　　니체 《차라투스트라는 이렇게 말했다》 '세 가지 변화에 대하여' 중에서

　니체는 인간은 성숙하여 '초인'이 되어야 한다고 생각했다. 초인이라는 말에서 슈퍼맨이 연상되어 다소 거부감이 느껴질지도 모르지만, 결코 어떤 특별한 것이 아니다. 이는 인간의 당연한 모습, '진정한 나'를 말한다. '세 가지 변화'는 거기에 맞는 인간의 과정을 스토리로 들려준다.

　여기서는 나오지 않지만 니체는 인간이 성숙해지는 변화를 '몰락'이라 말한다. 이것은 성숙과는 반대되는 느낌의 말이며 분명한 의도가 있다. 니체는 위선적인 기독교 도덕에 크게 반발하여 기독교가 '승천'이라는 상승 이미지로 구원을 표현하는 것에 반해 '몰락'이라고 표현했다. '몰락'이란 기독교 도덕에서 보면 추락으로 비춰지지만

반대로 니체는 거기에 인간의 진정한 성숙이 있다고 말하고자 했다.

이 과정에는 세 단계가 있어 처음에 인간은 낙타로 그려진다.

낙타는 순종, 인내, 노력, 근면을 상징한다. '기탄없이 무거운 것을 쌓으세요. 좀 더 무거운 것은 없나요?'라고 바라는 존재다. 낙타는 원래 용 때문에 낙타가 되었다. 이 용은 '해야 하는 것'으로서 당신에게 '나는 절대자이니 내 말을 들으라'고 한다. 용 이외에는 주체성을 인정하지 않고 오로지 용에 순종하고 따르라고 명령한다. 순종하는 한 당신을 지키고 구해준다. 니체는 기독교 윤리의 화신으로서 용을 제시하고 있다. 이처럼 인간에게 맹목적인 복종을 강요하는 것은 모두 용으로 간주할 수 있다.

어느 날 낙타가 답답함을 자각한다. 낙타는 사자로 변신해 용을 단숨에 쓰러뜨리고 자신을 획득한다. 그리고 자유를 얻는다. 자신이 있어야 할 장소나 주체성을 획득한다. 사자는 '나는 원한다'고 말한다. 여기서 '나', 바로 1인칭인 자신이 탄생한다. 사자는 '분노'의 화신이다. 거세당한 낙타가 지금껏 받아온 부당한 취급에 의문을 품고 분노가 폭발하면서 사자로 변해 용을 쓰러뜨린 것이다.

이처럼 '자신'을 획득한 사자는 거기서 끝나지 않고 이어서 아이로 변신한다. 이 아이는 '옳다'고 말한다. '옳다'는 것은 '있는 그대로'라는 의미다.

아이는 창조적인 놀이에 몰두한다. 이것이 매우 중요한 점이다. 자유를 획득하기 위해 일단 사자가 되지만 이후 사자인 '나'는 사라지고 '있는 그대로'의 아이가 되어 순진무구하고 무심하게 창조적인 놀이에 빠져든다. 이것이 인간의 궁극적인 모습이다.

의뢰인도 치료 진행에 따른 변화를 겪으면서 대개는 어떤 창조적인 행동을 수반한다. 어떤 사람은 그림을 그리고, 어떤 사람은 요리에 심취하기도 한다. 의무로 느끼던 집안일이나 육아를 창조적인 것으로 다르게 느끼게 되고 일상생활이 신선한 발견으로 가득해진다. 글을 쓰고 시를 짓거나 어떤 새로운 일을 시작하기도 한다. 어찌 되었든 '창조적 유희'를 즐기는 인생으로 바뀐다. 새로운 자신이 되어 제2의 인생을 살기 시작한다.

의뢰인이 처음 상담을 받으러 올 때는 누구 할 것 없이 '낙타인 것에 지쳐 있다'거나 '사자가 되었지만 역시 잘못된 것이 아닐까'라고 생각하는 상태다. '사자가 되었지만……'이라고 생각하는 사람들은 '공격적', '충동적', '빈번한 문제 행동'을 지적받고 주위를 난처하게 만들기도 한다. 그러나 이 때는 '분노'로 자신을 획득하는 매우 중요한 시기다. 얼핏 주위와 싸우는 것처럼 보이지만 실은 '자신이 되기' 위한 싸움을 벌이고 있다. 이 중요한 '분노'를 치료사가 존중할 수 있는지 여부가 치료의 성패를 가르는 중요한 분수령이다. '공격성이 강하고 충동 제어가 잘 되지 않는다'는 표면적인 모습만을 보고 우격다짐으로 낙타로 돌려보내기 위한 치료를 하게 되면 '부패한 낙타'밖에 낳지 못한다.

싸움의 시간이 길어질수록 확고한 자신을 가지게 되는 동시에 차츰 순화되어 간다. 이것이 아이가 되는 방법이다. 단순한 아이가 아니라 사자를 거쳐 찾은 아이다. 따라서 순수하고 섬세한 동시에 흔들림 없는 강인한 자신이다. 유리 같은 연약함과는 이미 무관하다.

세상 대부분의 어른들이 훌륭한 낙타가 되기를 바라는 상황에서 사자에 눈을 뜬 인간은 고군분투하기 일쑤다. 그에게 낙타에서 사자로 변모하는 과정의 중요성을 이해하고 응원해주는 사람이 있다면 그것만으로도 든든한 의지가 된다.

작은 분노에서 큰 분노로

분노라는 감정은 양질의 것일수록 보다 큰 대상을 향한다. 개인에 대한 작은 분노가 아닌 보다 근원적인 대상에 대한 분노가 되는 것이다.

큰 분노는 사회적·역사적·종교적·철학적이고 예술적·문학적인 시각을 낳고 진정한 이성을 일깨운다. 큰 분노 자체가 하나의 창조로, 삶에 새로운 지침을 가져다준다. 자신을 넘어 천명(天命) 같은 것으로 통한다. '나는 이것을 위해 태어났는가' 하고 깨우쳐준다. 진정한 '분노'는 그런 면이 있다. '사랑의 분노'라고 말할 수 있다.

분노뿐 아니라 모든 깊은 감정도 마찬가지다. 깊은 감정은 '사랑'의 표현이다. 한편 얕은 감정은 하나같이 '욕망'의 표현이다. 사랑과 욕망에 대해서는 다음 강에서 자세히 다뤄보자.

제6강

사랑과 욕망

'너를 위해서'라는 말

사람들은 '고독하다'거나 '고독해서 괴롭다'는 말을 자주 하는데, '고독'에 대해 생각함으로써 '사랑'을 더욱 분명히 할 수 있다.

고독과 고립

'고독'과 비슷한 말로 '고립'이 있다. 이 둘의 차이에 대해 생각해보자.

우리가 우리와 닮은 사람들과 교제하면서 안식하는 것은 우스운 일이다. 우리처럼 비참하고 우리처럼 무력한 그들은 우리를 돕지 않을 것이다. 사람은 죽을 때 혼자일 것이다. 그러므로 혼자인 것처럼 행동해야 한다.

파스칼 《팡세》 중에서

이미 아는 사실이지만 우리는 홀로 태어나 홀로 죽어가는 존재다. 아무리 누군가를 사랑하고 사이가 좋아도 죽을 때는 혼자다. 이것은 인간이라면 누구나 짊어진 당연한 상황이다. 그렇다면 왜 '고독'이 이리도 힘든 것일까?

'고독해서 괴롭다'는 이야기를 들으면 그에게는 '고독해서는 안 된다'는 고정 관념이 있음을 알게 된다. 아마도 그는 세상에 고독하지 않은 사람이 있을 것이라 믿고, 고독을 고립과 혼동하는 듯하다.

'고립'은 어떤 집단 내에서 외톨이가 되는 상황을 말하고, '고독'은 인간이라면 누구나 개인이기 때문에 어느 누구도 피해갈 수 없는 상황이라고 말할 수 있다. 고독하지 않은 인간은 세상에 단 한 명도 없다.

고독을 부인하는 사람과 죽음을 말하는 사람

고독과 대면하지 않으려는 사람은 두 가지 부류로 나눌 수 있다.

한 가지 부류는 보고도 못 본 척하는, 고독을 부인하는 사람들이다. 그들은 '사람은 고독하지 않다', '당신은 고독하지 않다'는 구미가 당기는 메시지를 자신은 물론 주변 사람들에게도 전한다. 타인에게 매달려 결코 더 깊은 곳을 들여다보지 않기 위해 매일 시름을 잊는 일에 전념한다. 언제나 누군가와 무리 짓지 않고는 견디지 못하고, 빈번히 문자나 전화로 누군가와 연결되어 있음을 확인한다.

다른 한 가지 부류는 고독이라는 것을 무시무시한 무한의 어둠이라 믿고 염세주의에 빠지는 사람들이다. 얼핏 입구라도 보았기에 고독을 부인하는 사람들보다는 낫다고 할 수 있지만, 염세주의가 극단적으로 치닫거나 주위에 전염되는 경우에 꽤 위태로운 일이 벌어진다. 이들은 '고독을 부인하는 사람들'을 비웃으며 마치 인간과 고독에 대해 깊이 알고 있는 것처럼 자부한다. 바로 이 우월감이 그들에게는 양분이 된다.

이 작은 자긍심이 사람을 집어삼킬 것 같은 독특한 분위기를 빚어낸다. 그들의 '체념 철학'은 생각 없고 저항하지 않는 '고독 부인자'들을 끌어들일 때 최대 기쁨을 만끽한다. 고교생들 사이에서 다자이 오사무의 책이 애독되고, '사는 건 성가시다'는 염세주의가 마치 멋진 사상처럼 둔갑하고, 자해 상흔이 훈장처럼 여겨지기도 한다.

니체는 이런 부류의 인간을 '죽음 설교자'라고 부르며 혹독하게 비난했다.

마음속에 야수를 품고 돌아다니면서 쾌락에 빠져들거나 아니면 자기 자신을 갈기갈기 찢는 것 말고는 다른 선택을 하지 못하는 끔찍한 인간들이 있다. 그리고 쾌락이라고 했지만 그것도 자기 몸을 갈기갈기 찢는 것이다.

그들은, 이 끔찍한 자들은 아직 인간이 되지 못했다. 그들이 삶의 포기를 설교하고 스스로 떠나버린다면 얼마나 좋을까!

여기에 영혼의 결핵 환자들이 있다. 그들은 태어나자마자 이미 죽어가기 시작하며 피로와 체념의 가르침을 동경한다.

그들은 기꺼이 죽어있고자 하니, 우리도 그들의 의지를 존중하자! 이 죽은 자들을 깨우지 않도록, 그리고 이 살아있는 관(棺)들을 상하게 하는 일이 없도록 조심하자!

그들은 병자나 노인이나 시체와 마주치면 즉시 이렇게 말한다. "삶은 부정되었다!" 그러나 부정된 것은 오직 그들 자신, 그리고 생존의 한쪽 얼굴밖에 보지 못하는 그들의 눈일 따름이다.

니체 《차라투스트라는 이렇게 말했다》 '죽음 설교자' 중에서

때로 이 같은 '죽음 설교자'에게 '고독 부인자'가 얕은 낙관주의나 그럴듯해 보이는 도덕을 들려주는 광경을 볼 수 있다. 하지만 자상 행위에 탐닉하고 자살을 동경하는 사람에게 아무리 '생명은 소중하다', '사는 것은 멋지다', '자살은 주위를 슬프게 하는 엄청난 죄'라고 설교해도 그들의 굴절된 우월감을 증대시키기만 할 뿐이다.

그렇다면 이 같은 '죽음 설교자'에게 우리는 무엇을 할 수 있을까?

고독에 대한 제대로된 인식을 가진 사람이 자신이 밟아온 경험을 토대로 '당신이 최후의 암흑이라 믿는 고독은 끝이 아니다. 그 너머가 있다. 거기는 암흑이 아닌 다른 풍경이 펼쳐진다.'고 전하는 것이다.

명랑한 고독

그렇다면 고독 너머의 풍경이란 어떤 것일까? 그것은 이런 뜻밖의 풍경이 아닐까.

혼자 있는 것은 북적거린다

북적거리고 시끌시끌한 숲이다

꿈이 톡톡 튀어나온다

좋지 않은 것도 쏟아진다

에델바이스도 독버섯도

혼자 있는 것은 명랑하다

흥청이고 활기찬 바다다

수평선도 치우치고

어지럽고 황폐한 밤도 있다

잔잔한 날 태어나는 조개도 있다

혼자 있는 것은 활기차다

맹세코 억지를 부리는 게 아니다

혼자 있을 때 외로운 자는

둘이 있을 때 더 쓸쓸하다

많이 모였다면

더, 더, 더, 더, 더욱 추락이다

연인이여

아직 어디에 있는지 모르는 그대여

혼자 있을 때 가장 명랑한 자로

있어주오

이바라키 노리코 《어른의 말》 '혼자는 활기차' 중에서

매우 친밀한 말로 쓰인 시지만 정말 중요한 메시지가 담겨 있다.

자신에게는 연인이나 친구가 없어 고독하다고 한탄하는 사람이 있다. 고독이 쓸쓸한 것이라는 고정 관념을 가지고 있기 때문이다. 자신이 명랑해지기 위해서는 꼭 다른 누군가가 함께 있어줘야 한다고 믿는다.

그러나 우리는 영화를 볼 때도 책을 읽을 때도 식사를 할 때도 홀로 행동한다. 아무리 많은 사람이 모여 앉아 같은 영화를 봐도 제각기 혼자서 보는 것이다. 나중에 영화에 대한 감상을 서로 이야기하기도 하지만, 역시 혼자서 보고 느낀 것에는 변함이 없다. 따라서 한 사람으로서의 충실감을 제대로 인지하지 못한다면 아무것도 시작되지 않는다. 누구와 있다고 행복해지는 것은 아니다.

의존 관계가 고독을 해소해줄 것이라고 착각하는 사람도 있다. 하지만 이 시에서 말하듯 혼자 있을 때 외로운 사람은 둘이 있을 때 더 쓸쓸한 법이다. 서로에게 매달리면 처음에는 사랑스럽고 안심이 되는 듯한 착각이 들지만, 어느 순간 한쪽이 진저리를 치며 음울해진다.

인간은 자기 한 사람 겨우 지탱할 힘만 가지고 태어나기 때문에 타인의 것까지 짊어질 수는 없다. 부부, 연인, 친구, 부모와 자식이라는

친밀한 인간관계나 환자와 의사라는 치료 관계에서도 각자 자신의 발로 딛고 서서 같은 방향을 향해 나란히 걸어가는 것일 뿐임을 알아야 한다.

어느 시기까지는 두 사람이 같은 방향을 향해 보조를 맞춰 걸어도 어느 순간 한쪽이 멈추거나 방향을 바꿔 둘 사이가 삐걱거리고 이별하기도 한다. 그것은 지극히 자연스러운 일이다. 부부, 부모와 자식은 물론 친구 관계도 영원히 지속될 것이라는 보장은 없다. 매일매일 인간은 변한다. 변하는 존재가 맺고 있는 '관계' 역시 매일 변한다. 이것은 당연한 일이다. 매달려도 상대의 마음은 멀어질 뿐이다. 안주할 수 있는 고정적인 인간관계는 존재하지 않는다.

각자 자기답게 하루하루를 살아가고, 지금 자신에게 맞는 인간관계를 매일 새롭게 맺어야 한다. 과한 예라고 생각할지 모르지만 부부도 매일 이 사람과 결혼하고 싶다는 생각을 하기 때문에 부부로 살아갈 수 있는 것이다.

반드시 만날 당신

앞에 나온 시에서 '연인이여'라고 부르는 부분을 다시 보자.

'혼자'에 대해 이야기하다 돌연 타자가 등장한다. 그것은 '아직 알지 못하는 당신'이며, 미지의 '당신'은 지금 어디에 있는지도 모르지만 앞으로 반드시 만날 '연인'이다.

그 연인에게 자신처럼 '명랑한 고독'을 가진 사람으로 있어 달라고 호소하는데, 당연히 그런 상대가 아니면 사랑은 성립하지 않는다. 이 사랑은 미지의 것이지만 단순한 바람이나 희망의 산물이라기보다 확신에 가득찬 예감이 느껴진다.

그렇다면 이런 예감을 낳는 것은 대체 무엇일까?

만유인력이란

끌어당기는 고독의 힘이다

우주는 뒤틀려 있다

그러하기에 모두는 갈구한다

우주는 점차 팽창한다

그러하기에 모두는 불안하다

20억 광년의 고독에

나는 무심코 재채기를 했다

다니카와 슌타로 《20억 광년의 고독》 '20억 광년의 고독' 중에서

고독은 자연히 끌어당기는 '만유인력'을 가지고 있으며 그러하기에 우리는 고독하게 있을 수 있다고, 다니카와 슌타로는 말한다. 그가 '만유인력'이라 말한 것은, 이바라키 노리코의 시에서 미지의 연인을

예감케 하는 '사랑'이다.

'만유인력'은 '사랑'의 은유로 정말 안성맞춤이다.

우주의 무한한 암흑 속에 별들은 고독하게 떠 있다. 그러나 그 별들은 서로 '만유인력'으로 맺어져 있다.

고독이 있는 곳에는 반드시 사랑이 싹튼다. 그러나 사랑은 각자 고독하다는 것을 전제로 한다.

고독의 세계는 사랑 때문에 명랑하다. 고독이란 결코 차가운 죽음의 암흑이 아니다. 고독에 발을 들여놓은 사람이 타인도 자신처럼 고독하게 살고 있음을 깨닫는 것, 그것이 사랑의 출발점이다.

그러나 여기서 우리는 주의해야만 한다. '사랑'이라는 말만큼 손때로 범벅이 되어 잘못 사용되는 것도 없기 때문이다. 사랑이라는 말은 고독이라는 전제 없이 이용되면 의존, 지배, 집착, 성욕, 허영심, 강제, 위선 등을 위장하는 가짜 꼬리표로 변하고 만다. 사랑을 논할 때 늘 혼란스러운 것은 사랑의 정의가 애매하기 때문이다.

사랑과 욕망

자, 지금부터 가장 중요한 것에 대해 생각해보자. 바로 사랑이란 무엇인가 하는 문제다.

이 주제는 인간에 대해 생각할 때 결코 빠뜨릴 수 없는 중요한 것이지만 의외로 사랑을 정면에서 논하는 일은 드물다. 심리학이나 정신분석에서도 여러 가지 현상을 사랑이라는 키워드를 사용하여 설명하는데 정작 그 토대가 되는 사랑에 대해서 정의하는 일은 드물다.

그런 가운데 에리히 프롬의 《사랑의 기술》은 정면에서 '사랑'을 논한 보기 드문 명저 중 하나다.

> 어린아이의 사랑은 '나는 사랑받기 때문에 사랑한다'는 원칙에 따르고, 성숙한 사랑은 '나는 사랑하기 때문에 사랑받는다'는 원칙에 따른다. 성숙하지 못한 사랑은 '그대가 필요하기 때문에 나는 그대를 사랑한다'는 것이지만 성숙한 사랑은 '그대를 사랑하기 때문에 나에게는 그대가 필요하다'는 것이다.
>
> 에리히 프롬 《사랑의 기술》 중에서

에리히 프롬은 이처럼 사랑을 '성숙한 사랑'과 '미성숙한 사랑'으로 나눠 생각했다. 그러나 이 설명만으로는 한 가지 의문이 해결되지 않는다. 성숙한 진짜 사랑만을 '사랑'이라 부르고 그렇지 않은 것을 '욕망'이라고 말해야 양자의 차이가 보다 명확하지 않을까?

그래서 나는 다음과 같이 '사랑'과 '욕망'을 정의해보고 싶다.

사랑: 상대(대상)가 상대답게 행복해지는 것을 기뻐하는 마음
욕망: 상대(대상)가 자신의 생각대로 되기를 강요하는 마음

'욕망'은 에리히 프롬이 말하는 '유아의 미숙한 사랑'에, '사랑'은 '성숙한 사랑'에 상응한다. 좀 더 상세히 말하면 사랑은 무상이다. 대가

를 바라지 않는다. 반면 욕망은 비록 미미하더라도 주는 대로 받는다는 거래의 의미가 내포되어 있다. 거기에는 상대를 조작하려는 의도가 담겨 있어 제어하려는 경향이 있다. 또한 사랑은 마음에서 온 것에 반해 욕망은 머리에서 온 것이다. 결국 욕망은 '가짜 마음'의 산물이다.

그렇게 생각하면 인간이 '금단의 열매'를 먹었다는 것은, 인간이 '욕망'을 가지게 되었음을 의미한다.

위장된 욕망

부모 자식 관계에서 흔히 '너를 위해서'라는 말로 강요하는 것을 볼 수 있다. '너를 생각해서 하는 말'이라는 것을 찬찬히 음미해보면, '부모의 체면을 더럽히고 싶지 않다'거나 '부모의 생각대로 행동하길 바란다'는 의미다. 게다가 위험천만하게도 그것은 '부모의 사랑'이라고 미화되어 정당화된다. 그러나 아무리 부모의 사랑으로 위장했어도 그 정체는 분명 욕망이다.

스위스의 심리학자 앨리스 밀러는 그것을 '사랑이라는 이름의 폭력'이라 불렀다. 이처럼 사랑으로 위장한 부모의 욕망만큼 아이를 왜곡시키는 것도 없다. 오히려 악의가 더 죄질이 가볍다. 사람은 자신을 향한 악의에 대해서는 거절이나 반발할 여유를 가질 수 있는 반면, '너를 위해서'라는 선의가 자신에게 향할 때는 거절도 반발도 하기 어렵기 때문이다.

예를 들어 친한 사람이 '네가 좋아할 것 같아서 샀어!'라며 전혀 취향에 맞지 않는 선물을 줬다고 생각해보자. 본의 아니게 선물로 받았으니 버리지도 못하고 쓰지도 않는 상황이 된다. 이것은 매우 큰 고통이다.

사랑과 욕망을 구별하지 못하는 사람은 '너를 위해서'라고 말하며 강요하는 것을 사랑이라고 굳게 믿기 때문에 상대를 궁지에 몰아넣는 것에 둔감하다. 게다가 흔들림 없는 그 생각 이면에 상대에게 '감사받고 싶다'는 '욕망'이 감춰져 있다는 사실을 자각하지 못한다. '감사받고 싶다'는 생각은 자연스러운 것이 아니냐고 반문하는 사람도 있을 텐데, 그것도 역시 상대에게 무언가를 강요하는 제어 지향임은 분명하다. 그렇기 때문에 '악의가 있었던 것이 아니라 당신에게 좋을 것이라 생각해서 한 일이니 부디 너그럽게 봐달라'고 할 수도 없다.

사랑에 대한 정의에서 '상대가 상대답게'라고 말한 것은 상대를 자신의 것으로 만드는 것이 아니라는 의미다. 따라서 사랑하기에 이별하는 일도 당연히 있다. 이것은 전혀 모순이 아니다. 베르디의 오페라 '라 트라비아타'에서 주인공 비올레타가 사랑하기 때문에 연인의 곁을 떠나버리는 장면이 있는데, 관객은 이 때 아픈 사랑을 느끼고 감동한다. 만일 이것이 욕망이었다면 절대 헤어지지 않았을 것이다. 폭력 남편처럼 '헤어지면 죽이겠다'며 윽박지르고 자기 곁에 붙잡아두려고 할 것이다.

이것을 아이에 대한 문제로 바꿔 생각해보자. 사랑이라면 아이가 아이답게 진로를 선택하고 부모의 곁을 떠나 독립하는 것을 기쁘게 생각하지만, 욕망은 부모가 원하는 대로 살아가기를 바라고 언제나 부모의 곁에 있어주기를 바란다. 여기서 '네 장래를 생각해서 하는 말'이라며 사랑을 가장한 폭력이 벌어진다.

흔히 '아이가 커서 무엇이 되길 바라는가?'라는 질문을 하는데 그 질문 자체가 부모의 욕망을 전제로 한다.

명왕의 사랑

그렇다면 사랑은 어떤 형태로 나타날까?

일반적으로는 친절이나 공감, 또는 포용력을 떠올릴지 모른다. 그러나 사랑의 모습은 그것만이 아니다.

불상 가운데 명왕(明王)이라는 것이 있다. 일본 사찰에서는 흔히 부동명왕이나 애염명왕을 볼 수 있는데 대단히 무서운 얼굴로 무언가를 꾸짖는 형상을 하고 있다. 그러나 그것 역시 부처의 얼굴이다. 여래나 보살처럼 온화한 얼굴만이 부처가 아니라 명왕처럼 무서운 얼굴도 있다는 점이 의미심장하다.

이것은 사랑의 분노다. 사악한 것에 대한 분노를 표현하는 것이다. 기독교에서도 레퀴엠에는 대부분 '분노의 날'이라는 악장이 있고 최후의 심판에서 신의 노여움을 노래한다. 이처럼 분노도 사랑의 중요한 측면이다.

다니카와 슌타로가 사진가 아라키 노부요시와 함께 출간한 이색적인 시집 안에 이런 예리한 시구가 있다.

친절밖에 없었던 거구나.
하지만 친절은 사랑이 아니야.
친절은 미적지근한 물,
나는 해이해져버렸지.

때려주었다면 좋았을 것을,
분노에 미치기를 바랐는데.
죽이기를 바랐는데.

당신은 나를 칭찬만 해주었지,
그 안녕 너머의 섬뜩한 두 눈으로,
남자의,
욕망의,
한없는,
결실 없는,
친절.

다니카와 슌타로·아라키 노부요시 《친절은 사랑이 아니다》 중에서

다섯 개의 바나나

지금까지 한 이야기에 대해 '하지만 나는 성인군자가 아니라서 사람에게 욕망이 아닌 사랑만 향할 수는 없다'고 말하는 사람도 있을 것이다. 바로 그 점이 중요하다. 어떻게 하면 우리는 사랑의 존재가 될 수 있을까? 매우 어려운 일이다. 사랑하려고 했던 것이 자칫 욕망으로 변해버리기 때문이다. 그렇다면 어떻게 사랑이 가능할까? 이해를 위해 어느 불교 입문서에 있는 내용을 토대로 내가 만든 이야기 '다섯 개의 바나나'를 소개해볼까 한다.

아주 더운 나라에 한 여행객이 도착했다. 그는 이 나라에 오기 전에는 바나나를 한 번도 본 적이 없었다.

이곳은 매우 더워 뭐든지 쉽게 썩었고 길에는 거지가 많았다. 그중에는 정말로 불쌍해 보이는 자도 있었다. 여행객은 거지에게 뭔가를 베풀어야겠다고 생각했다.

마침 그는 바나나 다섯 개를 가지고 있었다. 보통 그는 세 개를 먹으면 배가 불러 만족했다. 하지만 바나나 두 개로 끼니를 해결하고, 나머지 세 개를 거지에게 주었다.

그런데 거지는 바나나를 싫어하는지 고맙다는 말은커녕 그의 눈앞에서 '이런 것은 필요 없다'며 땅바닥에 던져버렸다.

여행객은 대체 어떤 기분이 되었을까?

틀림없이 '이런 은혜도 모르는 놈. 모처럼 내가 먹을 것을 양보해주었는데 고맙다는 말도 없이, 그렇게 버리다니 정말 너무한다!'며 분노가 치밀었을 것이다.

그런데 만약 거지에게 두 개만 줬으면 어땠을까? 끼니로 세 개를 먹고 두 개를 갖고 있었다 해도 어차피 극심한 더위에 곧 상했을 것이다. 그러니 거지가 똑같이 버렸다고 해도 그렇게까지 화가 나지는 않았을 것이다.

바나나 한 개의 차이가 사랑과 욕망의 차이를 낳는다. 먹고 싶은 걸 참고 건넨 바나나 한 개는 '고마움'이라는 대가를 기대한 '위선의 바나나'가 되었다.

아이다 미츠오가 "사람을 위해 선한 일을 한다고 쓰고 위선이라 읽는다."고 말한 것을 들은 적이 있는데, 바로 그런 경우다. 먹고 싶은 것을 참고 양보한 바나나 한 개에 대체 무엇이 담겨 있는 것일까? 그것은 동정심이다. 그 이면에는 '고마워하길 바라는' 기대나 '착한 사람으로 보였으면', '착한 일을 했다는 자기만족' 같은 것이 숨어 있다. 마치 착한 일을 한 것처럼 보이지만 이것 역시 욕망이다. 동정심의 내실은 예외 없이 이렇다.

'때마침 남은 것이니 버리느니 당신이 마음대로 사용하세요'라고 희사(喜捨)한다면? 이것은 기쁘게 버리는 행동이다. 이것이 욕망을 버리지 못하는 우리가 할 수 있는 거짓 없는 '사랑'의 행위다.

인간으로서 성숙해져 욕망의 비율이 적어질수록 사랑에 사용하는 부분이 커진다. 바나나 하나로 충분히 만족할 수 있다면 네 개를 희사할 수 있다. 그러나 세 개를 원하면서도 억지로 참았을 때는 어딘가에서 생각하지 못한 '욕망'이 얼굴을 내민다. 이것이 위선이다. 테레사 수녀처럼 행동해도 아직 그 경지에 이르지 못한 사람의 행동은 질적으로 다르다. 겉으로만 선인처럼 굴어도 안 된다. 마음과 행동이 같지 않으면 내실이 불순한 것으로 변하고 만다.

역설적이지만 사랑을 위해 우리가 내딛을 수 있는 첫걸음은 먼저 자신을 철저히 만족시키는 일이다.

그런데 흥미롭게도 인간은 자신을 채우려고 할 때는 넘친다. 그런 까닭에 바나나가 다섯 개인 것이다. 남은 물건을 사용하는 것도 사랑의 행동이 된다. 이 점이 중요한 포인트다.

막 태어난 아기는 다섯 개를 먹어야만 한다. 에리히 프롬이 말하는 '미숙한 사랑'이다. 그러나 성장할수록 자신에게 필요한 바나나 수가 점차 줄어든다. 살아가면서 몇 개까지 줄이는가는 온전히 그 사람에게 달렸다.

보람을 갈구하는 욕망

봉사도 마찬가지다. 고베 대지진이 있었을 때 각종 봉사활동이 이뤄졌다. 그들 중에는 자신의 보람을 찾아 뛰어든 사람도 있었다. 나중에 일부 재해민으로부터 '도와주러 와서 고맙지만 성가신 측면도 꽤 있었다'는 소감을 들은 적이 있다. 자신들도 충분히 할 수 있는 일까지 도와주니 한심한 인간이 되어버린 것 같았다면서.

봉사활동은 보람을 찾기 위한 행위가 아니다. 재해민이라는 약자를 도와준다는 명분으로 그들을 '욕망'의 대상으로 삼아서는 안 된다. 실제로 간과하기 쉬운 부분이다.

의료 관계자도 어려움에 처한 사람을 상대로 하지만, 거기서 결코 보람 같은 것을 찾아서는 안 된다. 자신이 생동감을 느끼며 살고자 하거나 타인에게 필요한 사람이 됨으로써 자신의 가치를 확인하고 싶다는 동기로 의료 행위를 한다면, 환자를 욕망의 대상으로 삼는 것이다. 거기에는 반드시 '위선의 바나나'가 혼입된다. 환자가 지시한 대로 약을 복용하지 않았다고 신경질적으로 화를 내거나, '오직 선생님만이 내가 살아갈 길'이라는 말을 듣는 데 기쁨을 느껴 점차 환자가 자신에게 의지하게 만드는 관계를 형성하기 쉽다. 이것은 교육·복지·종교처럼 자신보다 약한 입장에 있는 사람을 대하는 직종에 종사하는 모든 사람에게 해당된다.

자신의 보람은 타인을 끌어들이지 않고 스스로 얻는 것이 기본이다. 그 토대가 있어야 타자에게 욕망을 향하지 않는 관계가 형성된다. 이것이 우리가 실천할 수 있는 '사랑'으로 가는 지름길이 아닐까.

번뇌즉보리

대부분의 종교는 욕망을 없애야 비로소 사랑의 존재가 될 수 있다고 말한다. 우리도 대개 그렇게 믿어왔다. 그러나 이런 생각은 진정한 접근법이 될 수 없다. 오히려 자기 안에 있는 욕망과 솔직히 대면함으로써 사랑이 생길 가능성이 열린다는 사고방식에 주목해야 한다.

이것을 알아차린 것이 홍법대사 구카이다. 그가 개종(開宗)한 진언밀교의 《이취경(理趣經)》이라는 불경에는 다음과 같은 내용이 나온다.

> 이취경의 풀이는 보통 다른 불교 경전과 전혀 다르다. '그것은 해서는 안 된다, 이것도 해서는 안 된다'며 이곳저곳에서 손발을 칭칭 옭아매는 윤리적인 가르침을 들려주는 불경이 아니다. 인간의 삶, 살아있다는 것의 근원으로 돌아와 다시 한 번 생각해보자는 경전이다.
>
> 욕망이라는 것도 살아있다는 하나의 증거이기에 욕망을 바로잡는―'뿔을 바로잡으려다가 소가 죽는다'―일은 하지 말라고 한다. '좀 더 큰 존재로 키워가자'고 말하며 '대욕(大欲)'이라는 말을 사용한다. 우리의 있는 그대로 모습이라는 것은 욕망을 크게 키우는 것이다. 큰 욕망은 자신을 남기지 않는다. 자신을 위한 욕망이 아니라, 일체중생을 위한 욕망이다.
>
> 마츠나가 유케이 《이취경》 중에서

여기서는 '욕망'을 한층 키워 '대욕'으로 부풀림으로써 '사랑'을 낳을 수 있다고 가르친다. '대욕'이란 보다 깊고 본질적인 영혼의 만족으로 나아가는 것이다. 배고픔을 충족시키기 위해서는 바나나 세 개가 필요하지만 '대욕'이라는 마음의 만족으로 중심이 옮겨가면 바나나 한 개로 충분해지는 것이다.

이처럼 구카이는 금욕적인 가르침과는 정반대의 사고방식을 가지고 있다. 그는 '욕망을 바로잡는다'는 것을 '차정(遮情)'이라고 말하며 이를 경계했다.

금욕적인 삶이 옳다고 믿는 사람은 겉으로는 번뇌가 없는 듯이 보여도 실은 가짜일 뿐으로, 오히려 생명력 있는 진짜 에너지나 깊은 지혜에서 멀어지는 잘못된 길임을 간파했던 것이다.

그런데 밀교는 번뇌즉보리(煩惱卽菩提)를 소리 높여 주장한다. 번뇌를 부정하고 떠나야 보리(깨달음)를 얻는 것이 아니라 번뇌하는 동안 번뇌가 보리가 된다. 이른바 '번뇌 절대 긍정'으로 번뇌가 그대로 보리로 가치전환한다. 번뇌의 뿌리를 잘라버리면 보리 그 자체도 얻을 수 없다고 말한다. 자아의 절대 긍정을 투과할 때만 비로소 부정적인 의미인 무아의 밑바닥에 있는 진실한 대아의 존재를 발견한다. 번뇌하는 자아가 있기에 비로소 그것이 청명한 깨달음인 대아가 되는 계기가 된다.

미야사카 유쇼·우메하라 다케시 《생명의 바다》 중에서

통상 번뇌가 보리(깨달음)에서 가장 먼 것으로 생각된다. 그에 반해 구카이는 '번뇌즉보리'라는 말로 오히려 번뇌를 솔직히 인정하는 것이 보리로 통하는 길임을 이야기한다.

욕망보다 사랑이 중요하다고 말하는 것은 다른 종교와 마찬가지다. 하지만 거기서 단편적으로 '욕망을 가져서는 안 된다'고 말하면 오히려 본질에서 멀어진다. 목표 지점은 옳지만 접근하는 여정이 다르기 때문에 결코 도달할 수 없는 것으로 변질된다. 종교 일반에서 일어나기 쉬운 함정이기도 하다.

내면의 태양

자가발전하는 사랑

앞 강의에서는 '욕망'과 '사랑'을 대비해서 이야기해봤는데, 사랑은 큰 주제라서 좀 더 생각해볼 여지가 있다.

태양

흥미롭게도 동양이든 서양이든 사랑을 태양에 비유하는 일이 많다.

현실의 해를 대일여래(大日如來)라고 하는데 (……) 대일여래의 대(大)는 낮밤을 가리지 않고 빛난다는 의미다. (……) 대일여래인 해는 양지든 음지든 구별 없이 늘 온화하게 비추고 있기에 대(大)라는 글자를 붙인다.

해의 역할은 빛과 열, 그리고 다른 한 가지 역할이 있다. 그것은 사물이 자라는 힘을 주는 역할이다. (……) 살아있는 온갖 것을 키우는 역할을 맡은 것이 대일여래인 것이다.

마츠나가 유케이 《이취경》 중에서

신은 그 참 본질이 사랑 곧 신성한 사랑이기 때문에 천국의 천사들 앞에서는 태양처럼 보인다. 태양에서 뿜어져 나오는 열은 그 본질이 사랑이고, 뿜어져 나오는 빛의 본질은 지혜다. 그리고 천사들은 그 영적 열과 영적 빛의 그릇이 되어 사랑과 지혜가 된다. 그 사랑과 지혜는 그들 자신이 내는 것이 아니라 신에게서 뿜어져 나오는 것임을 알아야 한다.

에마누엘 스베덴보리 《신의 사랑과 지혜》 중에서

첫 번째 글은 《이취경》에서 인용한 것이고, 두 번째 글은 스베덴보리라는 18세기 스웨덴의 기독교 신비주의자의 말이다.

진언밀교는 다른 불교 종파와 달리 부처를 신앙의 대상으로 삼지 않고 그 근본인 대일여래를 신앙한다. 그리고 대일여래라는 호칭 자체가 태양에서 유래한다.

실제로 태양은 자신의 핵융합 반응에 의해 만들어진 에너지를 방출하며 지구상의 모든 생명에게 엄청난 은혜를 베풀고 있다. 게다가 어떤 대가도 바라지 않는다. 태양은 우리에게 남은 바나나를 무상으로 주고 있다.

스베덴보리는 태양의 열과 빛에서 신의 본질을 보고 그것을 신의 '사랑과 지혜'라고 말한다.

자기에 대한 사랑과 타자에 대한 사랑

태양은 거대한 원자로처럼 자기 자신이 뜨겁다. 또 편애 없이 사방 팔방으로 에너지를 뿜는다. 거기서 자신에 대한 사랑과 타인에 대한 사랑 문제를 생각해볼 수 있다.

이기심과 자기애의 심리학적 측면을 논의하기 전에, 타인에 대한 사랑과 자기 자신에 대한 사랑이 서로 배타적이라는 표현에 논리적 오류가 있음을 강조해 두어야 한다. 만일 내 이웃을 인간 존재로서 사랑하는 것이 덕이라면 나를 사랑 하는 것도 악이 아니라 덕이 되어야 한다. 왜냐하면 나도 역시 인간 존재이기 때 문이다. 나 자신이 포함되어 있지 않은 인간 개념은 있을 수 없다. 나 자신을 배 제하는 원리는 그 자체가 근본적으로 잘못되어 있다는 것을 입증해준다.
'네 이웃을 네 몸같이 사랑하라'는 성서의 사상은 자기 자신의 통합성과 특이성 에 대한 존경, 자기 자신에 대한 사랑과 이해가 다른 개인에 대한 존경과 사랑, 이해와 분리될 수 없다는 것을 내포하고 있다.

(……)

자신에 대한 사랑과 타인에 대한 사랑이 원칙적으로 관련이 있다면, 다른 사람 에 대한 진지한 관심을 배제하게 하는 것은 과연 무엇인가? 이기적인 사람은 오 직 자기 자신에만 관심을 갖고 모든 것을 자기 자신을 위해 원하며, 주는 데서가 아니라 오직 받는 데서 기쁨을 찾는다.

(……)

이기심과 자기애는 동일하기는커녕 정반대되는 것이다. 이기적인 사람은 자신을 매우 사랑하는 것이 아니라 거의 사랑하지 않는다. 사실 그는 자신을 증오한다.

에리히 프롬 《사랑의 기술》 중에서

에리히 프롬도 자신에 대한 '사랑'과 타자에 대한 '사랑'은 모순되는 것이 아니라 동일한 사랑이라고 말한다. 따라서 '~에 대한 사랑', '가족애', '이웃 사랑'처럼 '사랑'에 한정사가 붙어 있을 때는 주의해야 한다. 진정한 사랑이란 커다란 하나의 것으로 어느 한쪽 방향만을 향할 리 없기 때문이다. 편의를 위해 사랑의 한쪽을 그렇게 부르는 일이 있을 수 있지만, 그것이 다른 사랑과 배타적인 관계에 놓일 때는 가짜가 아닌지 의심해봐야 한다.

예컨대 '내 아이만 사랑한다'고 말하는 경우, 그 말에는 한정적·배타적 요소가 내포되어 있기 때문에 사랑이 아니라 욕망이 위장한 것임을 알 수 있다.

'자기 멋대로'라는 말

자신에 대한 사랑을 '자기애'라고 하는데 에리히 프롬에 따르면 자기애와 이기심은 정반대의 것이다. '자기 멋대로'라는 말을 예로 자세히 생각해보자.

'나는 자기 멋대로다.' 의뢰인으로부터 자주 이런 말을 듣는다. 의뢰인은 자기 멋대로인 자신이 곤란한 인간이라고 말한다. 그러면 나

그림 7-1 변증법

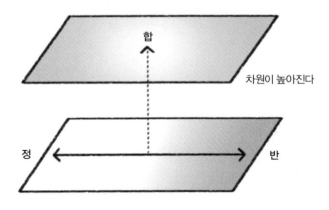

는 '아 멋, 대로. 참 좋은 말이군요.'라고 한다. 이렇게 하는 것만으로
도 '자기 멋대로'라는 말은 흔들리기 시작한다. 또는 '멋대로라면, 있
는 그대로라는 의미인데……'라고 대응한 적도 있다.

이것을 나는 '변증법적 대화'라 부른다. 언어의 손때를 벗겨내고 가
치관 자체를 다시 검토하게 함으로써 한 단계 높은 차원의 이야기로
대화를 발전시킨다. 문제의 본질을 명백히 하는 대화 방법이다.

독일의 철학자 헤겔의 변증법에서 명칭을 빌려 '변증법적 대화'
라고 이름을 붙였다. 변증법이란 어떤 하나의 생각 즉 테제(정)를 두
고, 반대쪽에 안티 테제(반)라는 것을 세워, 양자가 주고받는 대화 속
에서 두 개의 요소를 함께 가지면서도 어느 쪽과도 다른 한 단계 높
은 차원의 진테제(합)라는 발전적인 운동(아우프헤벤, 지양)을 말한다

(그림 7-1).

정신요법이나 카운슬링에서는 매우 중요한 기법 중 하나다. 이처럼 차원을 끌어올리는 대화가 아니라면 그저 세상 사는 얘기와 별반 다르지 않기 때문이다. 예컨대 '자기 멋대로다'라고 말할 때 '그래선 안 되지요'라고 응대한다면 그것은 훈계에 지나지 않는다.

자, 원점으로 돌아가 '멋대로'라는 말은 어떤 상태를 가리키는 것일까? 잘 살펴보면 자신을 두고 '멋대로'라고 말하는 사람은 전혀 '멋대로' 살지 않는다는 것을 알 수 있다.

장난감 매장에서 소란을 피우는 아이를 예로 생각해보자. 그 아이는 사실 마음속으로 '엄마, 나를 봐요!'라고 말하고 싶지만 아이라서 잘 표현하지 못한다. 그래서 자기도 모르게 장난감 매장에 갔을 때 '이거 사줘!'라고 떼를 써서 한 개를 얻는다. 다른 가게에 가서도 '저거 사줘!'라고 떼를 쓴다. 그렇게 끝없이 떼쓰는 아이가 된다.

그러나 장난감은 대리 만족일 뿐이라 부모가 아무리 장난감을 사줘도 아이는 만족하지 못한다. 엄마가 보기에는 '제멋대로 구는 애'로밖에 보이지 않아 떼쓰는 아이에게 진저리를 친다.

자, 이번에는 아이의 입장에서 보자. 떼를 쓸수록 더욱 원하는 결과에서 멀어지고 오히려 '자기 멋대로 군다'며 꾸중을 듣는다. 이 같은 일이 반복되면 아이에게는 '나는 제멋대로 군다'라는 자기 인식이 형성된다.

진심으로 원하는 것이 아닌 다른 것으로 대신 욕구를 채우는 대상 행위에서는 '질'적인 만족이 이뤄지지 않아 욕구가 점차 '양'적으로 증대한다. 너무 강하게 주장하거나 너무 많이 요구하기 때문에 주위 사람들로부터 자기 멋대로인 곤란한 사람이라는 평을 받는다. 그러나 그 욕구의 정체는 '마음'이 호소하는 무언가의 굶주림이다. 진짜로 원하는 것을 채워준다면 장난감은 필요 없다. 이렇듯 멋대로이지 않은 사람이 멋대로라는 말을 듣게 된다.

덧붙여 설명하면 이 같은 흐름이 의존증의 병리다. 약물 중독, 알코올 중독, 쇼핑 중독 같은 의존증은 모두 이런 식으로 일어난다. 대리 만족이라서 점차 자극이 커져야 한다. 하지만 대상 행위가 아무리 심화되어도 진정한 만족은 얻을 수 없다.

표면에 드러난 의존적인 행동만을 제약하는 방식으로는 의존증 문제를 해결할 수 없다. 그 사람 마음속에 있는 공허한 부분으로 어떻게 접근하는지가 중요하다. 그곳에 접근해야만 변화가 생긴다.

자기애 장애

인격장애(personality disorder)의 근원에는 자기애 장애가 있고, 그로 인해 대인 관계의 기본적 신뢰감이 원활히 형성되지 않는다. 게다가 부차적인 다양한 증상이 나타난다. 대표적으로 자상 행위, 깊은 억울함, 죽음을 바라는 감정, 반복되는 자살 기도, 대인관계의 불안정, 인간 불신, 특정 인물에 대한 지나친 의존, 충동적·찰나적인 말과 행동을 꼽을 수 있다.

자신에 대한 사랑이 순조롭지 않다는 것은 자신에게 욕망을 향한 상태라고도 말할 수 있다. '~해야만 한다'는 것을 자기 자신에게 강요하고 그것에 응하지 못하는 자신을 제재하는 것이다.

왜 이 같은 상태가 되는 것일까?

이를 이해하기 위해 인간을 두 부분으로 나누어 그린 이미지를 살펴보자.

그림 7-2를 보면 타원으로 표시된 '자신' 안에 큰 사람과 작은 사람이 있다. 이것은 3강에 등장했던 그림을 변형한 것으로 큰 사람은 '머리', 작은 사람은 '마음=몸'을 나타낸다.

자신을 사랑하지 않는 상태를 표현하자면, 큰 사람이 작은 사람에게 '너 따윈 한심하다. 넌 살 가치가 없다.'며 혹독하게 비난하거나 부정적인 말만 퍼붓는 것이다.

그러나 인간은 본디 이런 상태로 태어나지 않는다. 자신을 사랑한다는 것은 특별히 어떤 훈련을 받아야 할 수 있는 것이 아니라 태어날 때부터 가지고 있는 것이다. 무언가가 그것을 일그러뜨려 놓았을 뿐이다.

그림 7-3을 보자. 어린아이에게 부모는 절대적인 존재다. 거의 신과 같다. 어린아이는 신 같은 부모가 자신을 대하는 데 잘못이나 변덕이 있을 리 없다고 생각한다. 부모가 자식을 힘으로 지배하려고 하면 그것은 자식에게 그대로 모델링(모방)되고 내재화된다. 이것이 그림 7-2 상태의 기원이다.

이런 설명도 가능하다. 부모가 자신의 감정 불안정 때문에 아이를

그림 7-2 자기 부정

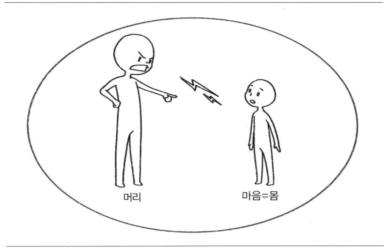

머리   마음=몸

그림 7-3 모델링

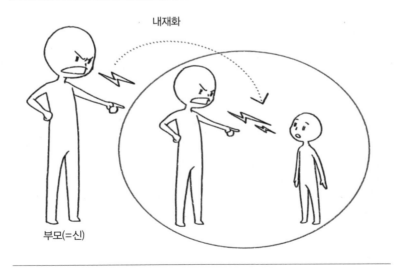

내재화

부모(=신)

거칠거나 차갑게 대했다고 가정해보자. 아이는 신에게 제재를 받은 것이기 때문에 틀림없이 뭔가 자신이 나쁜 일을 했을 것이라고 생각한다. 그러나 자신이 한 일을 되돌아봐도 아무것도 짐작되는 것이 없어 혼란스럽기만 하다. 그런 일이 반복되는 동안에 아이는 나름 온 힘을 다해 고민하고 결국 어떤 이유를 생각해낸다. '내가 태어난 것이 잘못이다.' 이것이 자기 부정의 기원이다. 신 같은 부모를 부정하지 않기 위해, 또는 부모와의 관계를 양호한 상태로 지키기 위해 자기 부정이 시작된다.

따라서 자기애 장애를 가진 의뢰인은 자신의 어떤 나쁜 점이 자기 부정의 시작이었는지를 아무리 철저하게 찾아도 그 출발점을 찾을 수 없다. 첫 자기 부정 자체가 만들어진 것이기 때문이다. 처음 만들어낸 그곳에서 시작해서 꾸준히 2차적으로 자신의 흠집 찾기를 해온 것뿐이다.

태생적 기준

부모와의 관계로 인해 인격장애가 생긴다는 지적은 이전부터 있었지만, 그 원인으로 대개는 '부모의 애정 부족'을 꼽았다. 그러나 같은 부모 밑에서 자란 형제라도 자기애 문제가 똑같이 생기는 것은 아니니 그 같은 사고방식으로는 문제의 본질에 다다를 수 없다.

나의 경험으로 이 같은 문제를 가진 사람들은 선천적으로 감정이

154

예민하고 사고력이 높은 경우가 많다. 상담을 진행하면서 의뢰인이 비범한 능력과 에너지의 소유자라는 사실을 깨닫게 되고, 때때로 상담 마지막에는 의뢰인이 그 능력을 존중하고 살려서 '보통'과는 다른 충실한 인생을 살아가기도 한다.

'애정 부족'이라는 말을 잘 되새겨보면 '애정'과는 다른 포인트가 있음을 알 수 있다. 또 부모의 애정을 '부족'하다고 느낀 것도 어디까지나 상대적인 것으로 단지 '심적 현실'로써 그렇게 느꼈을 뿐이라는 점도 알 수 있다.

이 구조를 이해하기 위해 그림 7-4를 보자.

부모는 센티미터 눈금자를 가졌고, 아이는 밀리미터 눈금자를 가졌다고 가정해보자. 그림처럼 어떤 동일한 것에 대해 대화를 나눴을 때 부모는 '4센티미터'라고 말한다. 그러나 아이는 아무리 봐도 3센티

그림 7-4 부모와 자식의 기준이 다르다

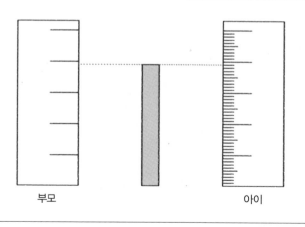

부모   아이

미터 9밀리미터다. 아이가 부모에게 '3센티미터 9밀리미터죠?'라고 되물어도 부모는 '4센티미터'라며 결코 물러서지 않는다.

이 상황에서 아이는 다음과 같은 두 가지 방식으로 받아들일 수 있다. '부모가 일부러 심술궂게 말하는 것은 내가 나쁜 아이라 벌을 주려는 것이다.' 또는 '부모가 틀릴 리 없으니 나의 기준이 잘못된 것이다. 내 기준을 더는 믿을 수 없다.'라는 방식이다.

전자의 경우에는 '나는 나쁜 아이라 사랑받지 못한다'는 것이고, 후자의 경우에는 '나는 원래 생겨먹은 게 나빠서 사랑받을 자격이 없다'는 방향으로 흘러간다. 여하튼 '나는 사랑받지 못하는 존재'라는 결론에 다다른다.

종래와 같이 안이하게 '부모의 애정 부족'에서 원인을 찾는 것은 4강에서도 다뤘듯이 부모의 기능 상실을 가져오거나 2차적으로 부모와의 의존 관계를 만들 수 있다. 실제로 부모가 반성과 보상 모드에 들어가버려 이미 하인이 되어버린 아이(실제론 어른인 경우도 많지만)와 밀착하고, 그 때문에 아이는 퇴행(아기로 돌아가기)해서 이중 삼중으로 상황이 복잡해지는 경우도 있다.

사랑의 자급자족

그렇다면 자신을 사랑하지 못하는 상태에서 어떻게 탈출할 수 있을까?

먼저 짚고 넘어갈 것은 사고방식이다. 자신을 사랑하는 방법은 후천적으로 획득하는 것이 아니다. 루소가 말했듯이 태어났을 때부터 이미 잘 만들어져 내 안에 있다.

때로 '지금까지 사랑받지 못했으니 그만큼 더 사랑받지 못하면 나는 이 고통에서 빠져나갈 수 없다'고 생각하는 사람이 있다. 하지만 그 사랑을 밖에서 받아야만 한다는 생각은 잘못이다. 게다가 이 경우 당사자가 기대하는 '사랑'은 자기 생각대로 자신을 이해해주고 자신의 희망대로 상대가 응해주는 것이며 명백히 비대화한 '욕망'이라는 환상이다.

이 생각을 깨기 위해 필요한 것은 '사랑의 자급자족'을 체현하는 존재를 만나는 것이다. 그리고 자급자족을 방해하는 요소를 성심껏 제거하는 작업에 착수해야 한다.

굶주림에 고통받는 사람(의뢰인)에게 원조하려는 사람(치료사)이 자기 밭에 있는 작물을 나눠주는 것은 표면적으론 도움을 주는 듯 보인다. 하지만 여기에는 당연하게도 한계가 있다. 게다가 그런 방식은 의뢰인이 타인에게 구걸하는 행위로 이끌 수 있다. '나를 돕는 사람이 언젠가는 나를 버리지 않을까?' 하는 불안에서 의뢰인을 자유롭게 하지 못한다. 의뢰인을 진정으로 돕는 일이 될 수 없는 것이다.

진정한 원조는 의뢰인 자신에게도 밭을 가꿀 수 있는 토지가 있음을 보여주고 어떻게 작물을 키우고 수확하는지 가르치는 일이다.

사랑은 태양에 비유된다고 말했다. 태양이 에너지를 자급자족하고 자가발전하는 점 역시 사랑의 성질과 일치한다. 인간은 태양의 특질

그림 7-5 진정한 원조란 밭을 일구는 방법을 가르치는 것이다

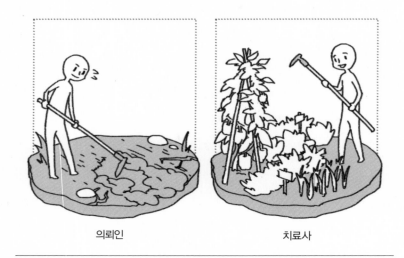

의뢰인   치료사

을 가지고 이 세상에 태어났다. 내재되어 있는 태양을 덮어버리고 그 사람을 얼어붙게 만든 것이 있다면 그것을 제거할 수 있게 돕는 것이 최선 아닐까? 자신을 태양이 아니라 달처럼 생각하고 타인의 빛을 받지 않으면 차가운 어둠이 되어버린다고 생각하는 것은, 인간이 본디 사랑을 갖춘 존재라는 진리를 깨닫지 못했기 때문이다.

절망이란

'아무리 호소해도 부모가 나를 알아주지 않아 이제는 절망했다.'는

이야기도 자주 듣는다. 그런데 이 '절망'이라는 말도 거기에 묻은 손 때를 없애면 중요한 발견을 할 수 있다.

절망(切望)은 바람(望)이 다했다(切)는 의미인데, 대체로 절망하지 않았을 때 사용되고 있다. 여전히 어떤 바람을 계속 안고 그 바람이 이뤄지길 기다리다 못해 넋이 나간 상태에서 사용된다.

기다리다 지치면 사람은 어떤 상태에 묶인다. '절망'을 입에 담을 때 사람들은 '기다리고 기다려도 오지 않는다', '기대했지만 얻을 수 없다'며 한탄하는데, 그 고통은 바람이 이뤄지지 않은 데서 오는 것이 아니라 어떤 상태에 묶여 자연스럽지 못한 데서 온다. 결국 이것은 '집착'에서 오는 고통이다. 하지만 자신은 깨닫지 못한다.

사람들은 약간의 바람이 남아 있을 때 '절망'을 말한다. 만일 기다리는 대상이 결코 오지 않으리라는 것을 알게 되면 그 사람은 어떻게 할까?

그림 7-6처럼 시부야행 버스정류장에서 신주쿠행 버스를 기다리는 사람이 있다. 기다리고 기다려도 시부야행 버스밖에 오지 않는다. 몇 시간이고 기다린 끝에 넋이 나가 '절망이다!'라며 한탄한다. 그때 길을 지나던 사람이 이곳은 시부야행 버스정류장이라고 알려준다. 그는 곧 그곳에서 기다리는 것을 그만두고 다른 행동으로 옮겨간다.

그만두고 다른 행동으로 옮겨 가는 것, 이것이 바로 진정으로 원망이 끊긴 '절망'의 모습이다. 진짜로 절망했을 때 사람은 '집착'을 떠나 '자유'로워진다. 더는 그곳에서 기다리지 않아도 되는 자유다. 그리고 진실로 필요한 행동을 주체적으로 할 수 있다.

그림 7-6 '절망' 버스 정류장

앞에서 이야기했듯이 타자에게 완벽한 이해나 지원을 요구하는 일은 결코 이뤄질 수 없는 기대다. 그림 7-4처럼 기준에 차이가 있는 경우, 평생을 기다려도 결코 그 1밀리미터의 차이를 이해하는 날은 오지 않는다. 절망이라며 한탄하고 싶을 때는 아직 기대감이 남아 있는 건 아닌지 차분히 생각해봐야 한다.

나선적 사고

'절망' 끝에 '자유'가 온다. '욕망'을 크게 키우면 '사랑'이 된다. 만약 이런 사고방식을 접하게 된다면 보통 우리는 절대로 받아들이기 어려울 것이다. 그러나 인간에 대해 깊이 알면 알수록 그 같은 진리와 차례로 만나게 된다. 그렇다면 우리는 어째서 이런 생각을 역설적이라고 느끼고 위화감을 갖는 것일까?

그것은 우리가 생각하는 방식이 어느 사이엔가 버릇처럼 굳어졌기 때문이다.

그림 7-7은 다양한 사고방식의 기본 이미지를 표현한 것이다. 사랑과 욕망을 예로 들어 살펴보자.

먼저 그림 ①에서 A를 '사랑'의 극이고 B를 '욕망'의 극이라 하자. 우리는 보통 상반하는 두 성질을 이처럼 직선의 양쪽에 놓고 생각하기 쉽다.

이 상태에서 욕망의 강도를 세로축으로 표현하면 그림 ②처럼 된다. 오른쪽으로 갈수록 욕망이 증가한다. 이 그림에서 자신이 현재 A와 B의 중간쯤에 있고 좀 더 '사랑'에 가까운 존재가 되려면 A쪽으로 되돌아가야 한다고 생각한다.

그림 ①, ②와 같은 이미지로 생각하면 욕망의 존재에서 사랑의 존재가 되고자 한다면 B→A로 되돌아가야 한다. '욕망하지 마라'는 금욕의 방향이다. 그러나 앞서 말했듯 그것은 위선이다. 사실 A→B는 일방통행이다. 되돌아가는 일은 불가능하다. 그저 멈춰서 안절부절못하는 것이 고작이다.

이 이미지로는 구카이의 '욕망을 크게 키워 사랑에 닿는다'는 사상을 설명할 수 없다.

그림 7-7 직선적 사고에서 나선적 사고로

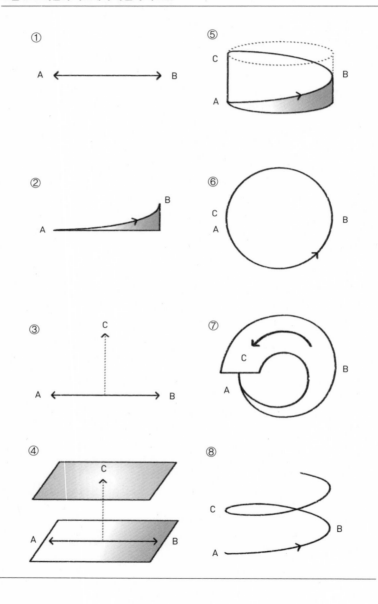

그렇다면 이런 식으로 생각해보자.

그림 ②는 사실 그림 ⑤를 앞에서 평면적으로 본 것일 뿐이다. A→B는 일방통행이다. A와 B 사이에 있는 자신이 '사랑'의 존재, 즉 '욕망'이 제로인 지점으로 가기 위해서는 B의 방향으로 그대로 나아가면 된다. 그러면 B점을 돌아 C점이라는 '욕망'이 제로인 지점에 도달할 수 있다.

그림 ⑤를 위에서 보면 그림 ⑥이 된다. 여기서는 A점과 C점이 같은 위치에 있다. 이 시점으로 보면 A점에 있는 사람과 한 바퀴 돌아온 C점에 있는 사람은 구분이 되지 않는다.

그림 ⑦의 원은 '욕망'의 강도를 굵기로 표현한 것이다. A→B로 갈수록 욕망은 증가한다. 여기서 B를 지나 더 나아가면 욕망이 최대인 C점에 이르고 그 순간 욕망이 최소인 A점이 된다. 최대가 제로가 되는 것이다. 구카이가 말한 '욕망을 크게 키웠을 때 진정한 사랑에 다다른다'는 것을 이해할 수 있다.

다른 예로 '순수'에 대해 생각해보자. '아이처럼 순수하다'고 말할 때 그저 A점에 머물러 있기만 하면 세상살이가 힘겨워 살아갈 수 없다(요절하는 사람은 대개 이 타입이다). A에서 B로 나아가다 보면 분명 갖가지 때가 묻는다. 그러나 꿋꿋이 그대로 C점까지 도달하면 여러 경험을 체득하고서 자유로워진다. 극복하는 것이다. 여기서는 그냥 유리처럼 깨지기 쉬운 순수가 아니라 강화 유리 같은 강인함과 순수함을 겸비한 존재가 된다.

하나 더 살펴보자. '신경질적'이라는 말을 듣는 사람은 그 성질을 애써 줄이려 하지만 도무지 생각처럼 잘되지 않는다. 원래 '둔감→섬세'는 일방통행이라서 역방향으로 나아갈 수 없다. 억지로 그랬다가는 이인증이 되어버린다. 이 경우에는 신경질을 더욱 단련하고 극복하면 된다. 신경질의 극치에 다다랐을 때 가뿐히 빠져나올 수 있다. 이것이 C점으로, 여기서는 여러 가지를 민감하게 알아차리지만 결코 그것에 휘둘리지 않고 진득하니 있을 수 있는 상태라서 곁에서 보면 조금도 신경질적으로 보이지 않는다. 거기서는 상반된 성질이 양립한다.

인간은 이런 식으로 변화·성숙해가는 것이 아닐까? 한 바퀴를 돌 때마다 한 차원씩 높아지고 나선상으로 상승한다. 그것이 그림 ⑧이다. 이것을 위에서 평면적으로 보면, 그림 ⑥처럼 얼핏 같은 사이클을 반복하는 것처럼 보인다. 그러나 한 바퀴 돌 때마다 높이는 상승한다. 사물의 변화를 표면적으로만 파악하면 고작 그림 ①, ②로밖에 생각하지 못하고, 그림 ⑥의 A점과 C점의 차이도 구별하지 못한다. 마치 타원형의 400미터 트랙에서 벌어지는 장거리 달리기 시합과 같다. 시합을 찰나적으로 보면 서로 엇비슷하게 달리는 사람 중 어느 쪽이 앞서 달리고 있는지 구별되지 않는다. 그러나 실제로는 맨 뒤에서 달리는 사람이 한 바퀴 앞서 달리는 사람일 가능성이 높다.

의뢰인에게 '장·단점은 같은 자질인데 단지 시점의 차이에 불과하다. 그러니 단점이라 생각하는 부분을 단련하라.'고 격려한 적이 있다. 그 말에 옴짝달싹 못하던 사람이 움직이기 시작해 결국 C점에 도달하는 감동적인 순간도 수차례 목격했다. 그러나 '당신은 이렇게 해야 한다.'는 방식으로 조언했을 때 의뢰인은 '그게 그렇게 쉬운 일이 아니다.'며 반쯤 포기하는 심정을 내비쳤다. 실제로도 늘 재발과 원점으로 되돌아오는 증상과의 싸움이 이어졌다.

그림 ③, ④는 그림 7-1에서도 나와 있지만 헤겔의 변증법 도식이다. 결과로서 C점이라는 한 단계 위 차원에 도달하는 것은 비슷하다. 하지만 A와 B가 대립하고 그 결과 아우프헤벤(지양) 움직임이 일어나 C점에 도달한다는 과정이 인간의 변화를 설명하는 데는 다소 적합하지 않다. 또 C점과 A점이 보기에는 비슷한 것에 대한 설명도 불가능하다. 그 때문에 인간의 변화·성숙 과정은 그림 ⑧의 나선적인 상승 이미지로 생각하는 것이 보다 적절할 것이다.

살아있는 것·죽어있는 것

진짜와 가짜

인간을 살리는 중심에는 '사랑'이라는 내재된 태양이 있고, 그것을 차
단하는 구름이 끼지 않도록 경계하는 것이 중요하다. 그 흐림이 심각
해지면 죽음의 그림자가 깃들 수 있기 때문이다.

　이번에는 '살아있다'는 것은 어떤 상태인지, '살아있는 것'이란 어떤
것인지에 대해 생각해보고자 한다.

진짜 자신·가짜 자신

"이제 죽고 싶다."

"사는 의미를 모르겠다."

이렇게 호소하는 젊은 사람들이 부쩍 늘었다.

변증법적 대화를 설명하면서도 이야기했지만 이때 '죽으면 안 된

다'라는 대응은 전혀 도움이 되지 않는다. 오히려 의뢰인은 '이 사람에게 얘기해봤자 소용없다'는 생각이 들어 굳게 입을 다물어버린다. 그렇다면 '죽고 싶다'는 말에 대체 어떻게 반응을 해야 이 궁지에서 벗어나 앞으로 나아가게 할까?

누군가 '죽고 싶다'고 하면 듣는 사람은 그가 100퍼센트 죽길 바라는 것으로 알아듣는다. 말하는 사람 자신도 그렇게 믿는다. 그런데 조금 더 생각해보면 진짜로 100퍼센트 죽고 싶은 사람은 상담받으러 와서 굳이 '죽고 싶다'고 말하진 않을 것이다. 비록 소수이기는 하나 실제로도 상담받으러 온 사람 중에 '죽고 싶지 않다. 제발 어떻게든 해달라!'고 애원하는 사람들이 있다. 그러니까 '죽고 싶다'라는 말에서 우리는 '죽고 싶다'고 외치는 나와 '도와달라'고 외치는 나, 상이한 두 명의 나를 발견할 수 있다.

이렇듯 자신 속에는 '진짜 자신'과 '가짜 자신'이 있다(그림 8-1).

도와달라고 말한 쪽을 '진짜 자신', 죽고 싶다고 말한 쪽을 '가짜 자신'이라 생각해보자. 이 구별로 공감이 가능한 구도가 만들어진다. "당신은 이제까지 살아오면서 '진짜 자신'이 점차 '가짜 자신'에게 억압받고 작아져 질식하기 직전의 상태에 놓여 있다. 그러니 죽고 싶다고 생각하는 것도 당연하다." 여기에서 한 걸음 더 나아가 "가짜 자신을 죽이고 진짜 자신에게 찬란한 햇빛을 보여주는 게 어떨까?"라고 말하면 비로소 치료가 시작된다.

그림 8-1

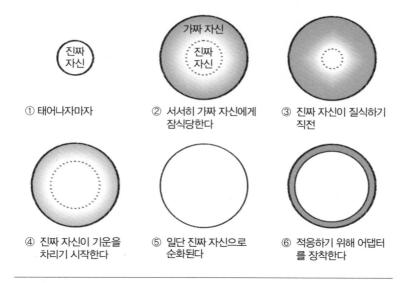

그림 8-2 '진짜 자신' 변천 과정

① 태어나자마자

② 서서히 가짜 자신에게 잠식당한다

③ 진짜 자신이 질식하기 직전

④ 진짜 자신이 기운을 차리기 시작한다

⑤ 일단 진짜 자신으로 순화된다

⑥ 적응하기 위해 어댑터를 장착한다

그림 8-2는 태어난 이후 '진짜 자신'이 어떤 변천을 거쳐가는지, 그리고 치료를 계기로 어떤 과정을 거쳐 새로이 태어나는지를 보여준다.

①에서 ②에 이르는 과정은 태어나 성장하고 사회화되는 모든 사람이 반드시 거치는 적응 과정이다. 자신에 대해 계속 고민하면서도 어떻게 살아갈지를 모색하는데, 거기서 '진짜 자신'을 발견하고 살리는 방향으로 나아가면 ④ 이후의 과정으로 향한다. 그런데 이 과정이 순조롭지 못하면 ③ 상태로 접어든다.

③ 상태에서 치료사의 도움이나 자기 자신의 깨달음을 통해 ④처럼 '진짜 자신'의 힘이 강해지고 '가짜 자신'이 서서히 억눌리기 시작한다. 그것이 극에 달했을 때 한차례 ⑤처럼 순화된 상태가 찾아온

다. ⑤는 대단히 순수한 상태지만 주위나 사회와의 관계가 어긋나기 시작한다. 자신은 편할지라도 사회적으로는 살아가기 힘들어진다. 이 세상이 이상향이 아닌 한 그것은 피할 수 없다.

그래서 한차례 버린 '가짜 자신'에게서 처세술적인 기술을 주위와 의도적으로 '적응하기 위한 어댑터'를 몸에 걸치게 된다. 이 상태가 ⑥이다. 이것은 얼핏 ②나 ③의 상태와 비슷해 보이지만 본질이 완전히 다르다. ②나 ③은 '가짜 자신'에게 잠식당한 것이고, ⑥은 주체적·의도적으로 '가짜 자신'을 적응 도구로써 활용하는 것이다. 이것으로 '진짜 자신'의 순수함이 외부 세계의 더러움으로부터 확실히 보호받는다. 나는 이것을 '강건한 2중 구조'라고 부른다.

민감하고 굵은 자신

요코오 저 '게르니카'라는 그림은 현대 미술 중에서 매우 높은 평가를 받고 있지만, 나는 뉴욕에서 저 그림을 봤을 때 거기서 밀려오는 상념에 견딜 수 없었습니다.

기무라 그렇군요. 내가 당신을 만났을 때 하고 싶었던 말은 '견딜 수 없는 상념을 차단할 수 있는가?' 하는 것입니다.

'자신의 진동이 강하면 그런 파동을 받아들이지 않아도 된다. 그것을 그대로 멈추고 공간에 담아낼 수 있다. 영향받지 않는다. 그것이 자유자재로 이뤄지기에 상대에게 영향을 주지만 상대에게서 영향받지 않는다.' 하지만 상대에게서 영향받지 않게 될 때까지는, 너무 많은 사람과 만나거나 이런 이야기를 관념적으로 이해하는 것이 매우 위험하지요.

(……)

인간에게는 본디 그것을 차단하는 힘이 있습니다. 민감한 사람은 동시에 신경이 가늘다고 하지요. 그렇다면 민감하고 굵어지면 되는 일입니다. 둔감하고 굵든, 예민하고 가늘든 모두 안 되지요. 수행이란 민감하고도 굵어지는 훈련이 아닐까요? 나는 명상이라는 것이 완전히 지친 신경을 일단 쉬게 하는 것이라 생각합니다. 그것으로 느긋해지잖아요. 그렇지만 평생 느긋하게 지낸다면 활동하는 것은 아무것도 없을 것입니다. 따라서 집중이 중요하지요.

《지금을 사는 비결 – 요코오 타다노리 대담집》 중에서

요코오와 대담한 기무라 히로아키는 외과 의사로 '몸과 마음은 일치한다'는 의학적인 견해를 밝혀왔다. 사람들은 보통 둔감하고 굵거나 민감하고 가늘다고들 하지만 그는 민감하고 굵으면 된다고 말한다. 이것은 실로 놀라운 말이다.

그림 8-2의 ⑥은 그런 상태로 순수함과 강인함을 겸비하고 있다. 7강에서도 이처럼 상반하는 성질을 겸비한 상태에 대해 이야기했고, 5강에서도 세 가지의 변화 마지막에 도달한 '아이'는 사자의 강함과 낙타의 인내심을 겸비한 존재였다.

6강에서 '죽음 설교자'로 다룬 염세주의자는 ①부터 ③까지밖에 보지 못하기 때문에 ④부터 ⑥까지의 과정은 열리지 않는다.

살아있는 것·죽어있는 것

어떤 사람과 만났을 때 '이 사람은 삶의 에너지로 가득하다'고 느끼는 순간이 있는가 하면 '이 사람은 어딘지 죽어있다'고 느끼는 순간도 있다. 직감이나 육감이라고 말해도 좋을 텐데, 우리에게는 그런 순간적인 판단 능력이 있다.

아무리 예쁘게 화장해도 죽은 얼굴이 있는가 하면, 화장기 없는 맨얼굴이라도 활기로 가득한 얼굴이 있다. 그것은 인간뿐만 아니라 음식에서도 느껴진다. 전자레인지로 데운 것과 정성을 담아 만든 것은 다르다. 아무리 재료가 같고 영양 성분이 같아도 분명히 무엇인가 다르다.

결국 영혼이 깃든 것과 그렇지 않은 것의 차이다. 이 판단은 '마음'이 하는 질적인 판단으로 '머리'가 하는 양적인 판단과는 다르다.

'살아있는 것·죽어있는 것'이라는 시는 내게 그런 차이에 대한 한 가지 시사점을 던져주었다.

살아있는 사과 죽어있는 사과
그것을 어떻게 구별할까
바구니를 옮겨 밝은 가게 앞에 놓고

살아있는 사과 죽어있는 사과
그 맛을 어떻게 구별할까

난롯가에서 산기슭에서 레스토랑에서

살아있는 마음 죽어있는 마음
그 소리를 어떻게 구별할까
날갯짓 소리나 깊은 침묵 울려 퍼지는 어둠을

살아있는 마음 죽어있는 마음
그것을 어떻게 알아낼까
두 사람이 사이좋게 취해 부축하고 가는 것을

살아있는 나라 죽어있는 나라
그것을 어떻게 간파할까
어슷비슷한 학살의 오늘부터

살아있는 것, 죽어있는 것
두 개는 들러붙어 함께 있다
언제든 어디서든 모습을 감추고

이바라키 노리코 《여자의 말》 '살아있는 것·죽어있는 것' 중에서

이 주제를 염두에 두고 일상을 살아가다 보면 온갖 것에 '진짜'와 '가짜', '영혼이 담긴 것'과 '거칠게 만들어진 것'의 구별이 서고 차츰 이 세상의 진짜 모습이 보인다.

산다는 것은 이 세상에서 가장 귀한 일이다. 대개 인간은 존재하고 있을 뿐이다.

《오스카 와일드 전집》 3권 '잠언' 중에서

영국의 작가 오스카 와일드가 한 최고의 독설이다. 지하철에서 주위 사람들을 둘러보면 알 것도 같다. 눈이 죽어있는 사람이 많다는 것을. 그 죽어있는 '마음'에 둘러싸여 있는 동안 나도 차츰 괴로워진다.

그렇다면 '살아있는 것'과 '죽어있는 것'의 차이는 대체 무엇 때문에 생길까? 이번에는 연극 연출가 피터 브룩의 말을 인용해보자.

반복이란 어릴 적에 흔히 하듯 같은 음계를 반복해서 치게 하는 피아노 레슨이다. 반복이란 기계적으로 같은 것을 반복하는 뮤지컬 순회공연이다. 배역이 몇 번이고 갈려 현재 출연자는 15대째라서 그 몸짓에서는 의미도 재미도 모두 사라져버렸다. 반복이란 전통에서 모든 무의미한 것의 근원이고, 감수성이 풍부한 배우가 두려워하는 모든 것이다. 이런 단순한 복사 같은 것에 생명은 없다. 반복은 삶의 부정이다.

피터 브룩 《아무것도 없는 공간》 '직접 연극' 중에서

죽어있는 것의 배경에는 기계적인 반복이 있다는 의미다. 흔히 맛집으로 이름을 날려 번성하면 2호점, 3호점으로 체인화되는데 거기에는 2호점을 열면 두 배의 수익을 올릴 수 있지 않을까 하는 계산이 깔려 있다. 그리고 반드시 매뉴얼이 만들어진다. 그 과정에서 음식의 맛이 떨어진다.

'살아있는 것'에는 매뉴얼이 아닌 일종의 즉흥성이 중요하다. 그것이 살아있는 것의 장점과 신선도를 만든다. 강의나 강연에서도 미리 원고를 준비해 그것을 읽기만 하면 죽은 이야기가 되어버린다. 훌륭한 내용이지만 듣다 보면 졸음이 쏟아지는 이야기들은 대개가 수년간 반복해서 읽어온 것들이다. 아무리 좋고 훌륭한 이야기라도 상대에게 전해지기는 어렵다.

'즉흥'이란 제멋대로이고 부실한 것이라 생각하는 사람도 분명 있을 것이다. 하지만 '즉흥'은 가장 생생하게 살아있는 방식이다. 충분히 사전 준비를 한 뒤에 즉흥성을 중시하는 것은 단순히 부실하고 무계획적인 것과는 전혀 다른 것이다. 진실로 음미했다면 미리 써둔 원고가 자유로운 이야기의 확대를 방해하지 않는다. 이것은 연극이나 음악, 미술, 요리에서도 마찬가지다. 클래식 음악을 배우며 '여기는 이렇게 해석해서 연주해야 한다'는 지도를 받고 그것에 얽매이면 실수는 하지 않을지 몰라도 영혼을 울리지 못하는 무미건조한 연주밖에 하지 못한다. 즉흥성의 상실 때문이다.

치료사가 살아있는 상담을 하는 데도 즉흥성은 중요한 요소다. 치료사가 열렬히 공부하는 마음으로 다양한 이론을 도입해도 그것에 사로잡힌 채 의뢰인과 대면하면 '교과서를 읽는 듯한 면접'처럼 죽은 상담이 되어버린다.

치료사는 선입견이 없어야 한다. 공부나 연구도 물론 중요하지만 의뢰인을 대할 때는 일단 그것을 버리고 백지가 되어야 한다. 나도 '얼마 전에 이 사람이 이런 말을 했는데 오늘은 이런 식으로 해보자'

는 계획을 가지고 치료에 임하던 시절에는 꽤 죽은 상담을 했다.

인간은 생물이고 하루하루가 다르다. 그날 어떤 표정으로 찾아왔는지, 어떤 기분인지, 첫마디는 어떻게 들리는지, 어떤 것부터 이야기를 시작하는지까지 매번 다르다. 상대에게 집중하면 처음 몇 분 만에 그날의 상담 순서나 방식 등이 정해진다. 나는 이 중요한 사실을 겨우 깨달았다. 자신의 머릿속에 특정한 생각이 가득하면 중요한 조짐을 놓쳐 그날의 상담을 망치고 만다.

어떤 좋은 일이 일어나기 위해서는 아무것도 없는 공간이 만들어져야 한다. 아무것도 없는 공간이 있으면 새로운 현상이 생명을 얻는다. 왜냐하면 내용이나 의미나 표현, 언어나 음악에 관련된 것은 모두 그 경험이 신선할 때만 존재할 수 있기 때문이다. 그러나 어떤 신선한 경험도 그것을 받아들일 준비가 된 순수하고 무구한 공간이 없다면 실현되지 않는다.

피터 브룩 《비밀은 아무것도 없다》 '지루함은 벅찬 내 편' 중에서

피터 브룩도 백지 상태에서 시작하는 것의 중요성을 말한다. 바로 이것이 신선한 경험을 가져다주는 '살아있는 것'의 대전제다.

경험과 체험

당연한 일이지만 치료사에게도 개인의 한계라는 것이 있어 모든

것을 경험할 수는 없다. 그렇다면 각종 다양한 의뢰인의 상담 내용에 대해 어떤 식으로 공감할 수 있을까?

만일 같은 경험 없이는 공감할 수 없다고 한다면 나는 여성이나 나이든 사람을 치료할 수 없었을 것이다. 분명 초보 때는 내 나이보다 족히 두 배가 되는 사람을 상담하는 일에 꽤 긴장하기도 했다. 그러나 차츰 '경험'이라는 것은 '양'이 아니라 '질'이 중요하다는 것을 이해하게 되었고, 서서히 어깨에서 힘을 뺄 수 있게 되었다.

이 경험의 '질'이라는 것에 대해 깊이 생각한 사람이 2강에서도 등장했던 사상가 모리 아리마사다. 그는 '경험'과 '체험'이라는 것을 구별하여 생각함으로써 이 주제에 접근했다.

인간은 누구나 '경험'과 동떨어져 존재할 수 없다. 인간은 모두 '경험을 가진다'. 그런데 어떤 사람에게는 그 경험 속 일부분이 특히 귀중한 것으로 고정되고, 이후 그의 모든 행동을 지배한다. 즉 경험 속 어떤 것이 과거의 모습인 채로 현재에 작용한다. 그것을 나는 체험이라고 한다.

그렇게 경험한 내용이 끊임없이 새로운 것에 의해 깨어지고 다시 새로운 것으로 성립해가는 것은 경험이다. 경험이라는 것은 근본적으로 미래를 향해 움직인다. 한편 체험이라는 것은 경험이 과거의 어느 특정한 시점에서 굳어버린 것이다. 아무리 깊은 경험도 과거에서 굳어버리면 체험이 된다. 그것은 경험의 과거화다. 과거화되면 '경험은 미래를 향해 열려 있다'는 의미를 잃는다.

(……)

끊임없이 새로운 사건이 일어나면 그것을 허심탄회하게 인정하고 자기 안에 그

성과를 축적한다. 경험은 미래를 향해 펼쳐진다. 모든 것이 미래를 향해 열린다. 완전히 새로운 것을 끊임없이 받아들일 준비가 되어 있는 것이다. 그것이 경험이 갖는 실로 심오한 의미다.

모리 아리마사 《살아있는 것과 생각하는 것》 중에서

끊임없이 변화하며 '살아있는 것'을 '경험'이라 부르고 경직되어 '죽어있는 것'을 '체험'이라 불러 구별하자는 것이며, 모리 아리마사가 가장 중요하게 생각했던 내용이다. 그리고 이 '경험'만이 우리의 생을 미래를 향해 열어준다.

변화와 성장

'고생은 피와 살이 된다'는 말이 있다. 덧붙이자면 '경험'한 사람의 고생은 살과 피가 되지만 '체험'에 그치는 사람의 고생은 '훈장'이 된다.

고생을 '경험'한 사람은 누가 묻지 않는 한 스스로 고생담을 들려주지 않는다. 하지만 '체험'한 사람은 누가 묻지도 않았는데 귀가 따가울 정도로 자신이 얼마나 고생했는지를 들려준다.

경험한 사람의 고생은 그 사람의 일부가 되고, 그는 '그 고생이 있었기에 지금의 내가 있다'고 말한다. 고생을 훈장으로 생각하는 사람은 '고생은 돈을 주고서라도 사야 한다'고 말하지만, 그것이 실질적으로 그 사람을 변화·성장시키지는 않는다.

'살과 피가 된다'는 말은 그 사람에게 '질'적인 깊은 변화가 일어난다는 의미다. 그 사건이 비록 작은 것이라도 경험으로서 깊이를 가지고 여러 일과 이어지는 보편성을 획득한다. 따라서 타인의 상황이 자신이 겪어본 적 없는 것일지라도 그에게 지금 무엇이 필요한지를 자신의 경험에 비춰 생각해볼 수 있다. 그러나 체험으로 그친 경우에는 '나는 그런 적이 없어 모른다'로 끝난다.

그저 '체험'에 근거하여 '이 사람의 상황은 나의 체험과 비슷하니 그때의 나와 같을 것'이라고 단정하고 '그럴 때는 이렇게 하면 된다!'고 조언하는 것은 초점이 어긋난 친절이나 성가신 간섭일 뿐이다. 체험은 경험처럼 보편성을 가지지 못해서 다른 일에 응용할 수 없다.

보편성

경험이 개인 안에서 심화되면 그 사건의 특이성이나 개인적인 요소는 차츰 옅어지고 최종적으로 보편성을 획득한다.

그림 8-3을 보자. 이 그림에서는 그 같은 보편성을 지하 수맥에 비유한다. 가장 깊은 곳을 흐르는 지하 수맥에 도달할 수 있는가는 파 내려가는 방식에 따라 큰 차이가 난다.

땅을 파 내려가다 보면 지하 수맥에 다다르기 전에 초록 물이나 빨간 물을 만나기도 한다. 빨간 물이 고인 곳에서 멈춰버린 사람은 '여기를 파면 빨간 물이 나온다'고 말하고, 초록 물이 고인 곳에서 멈춘

그림 8-3

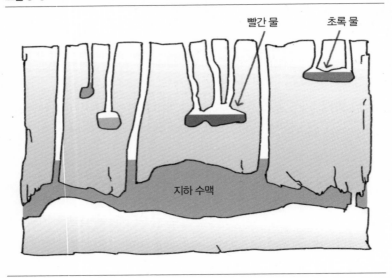

빨간 물

초록 물

지하 수맥

사람은 '여기는 초록 물이 나온다'고 말한다. 어디를 파는가에 따라 다른 색깔의 물이 뿜어져 나온다. 이것이 이른바 전문성이 낳는 문제점이다.

그러나 가장 깊은 곳까지 파 들어가면 어느 곳을 팠든 반드시 동일한 보편성을 가진 지하 수맥에 다다른다. 판 곳이 달라도 같은 물이 나온다. 지하 수맥에 흐르는 것은 보편적인 진실이다. 경험의 질을 높인다는 것은 경험을 파고들어 개개의 전문성이나 개별성의 벽을 돌파하고 보편성에 도달하는 것이다.

가부키 배우 반도 다마사부로가 흥미로운 이야기를 했다.

다마사부로 어떤 형식이 무엇을 나타낸다는 것을 안 순간부터 그 형식을 벗어 던질 수 있었습니다.

미우라 아아, 그런가요. 그것에 대해 조금 더 말씀해주세요. 그것은 자유로 워진다는 말씀이지요.

다마사부로 그렇습니다. 알지 못한 채 하는 형식이라는 것은 이미 부자연스럽 지요.

미우라 왜 그렇게 하는지도 모르고 한다는 것이죠.

다마사부로 그렇죠. 그런데 턱을 예로 들어 턱의 어떤 각도는 무엇을 표현한다 는 것을 알면 그렇지 않은 각도의 표현도 가능해지지요.

다른 예로 숫처녀를 의미하는 형식이라는 것이 있어요. '아, 그 형 식!' 하고 알지요. 그러면 그 형식을 벗어던진 숫처녀를 해보자는 생각이 들고 그것도 할 수 있어요. 그것이 어떤 형식이든 마음속으 로는 숫처녀를 생각합니다. 그러면 무릎을 쓰러뜨리고 있어도 숫처 녀가 긴장을 풀고 있는 듯 보이지요. 우두커니 서 있어도 숫처녀가 멀거니 있는 모습으로 보입니다. 그것은 자신의 상념과 형식에 관 련된 문제이지만, 반대로 '이런 형식 없이는 숫처녀가 될 수 없다'고 생각하면 결코 거기서 벗어날 수 없지요.

〈반도 다마사부로의 우주〉 '미우라 마사시와의 대담' 중에서

형식이 중시되는 가부키의 세계에서 오랜 세월 경험한 배우이기에 할 수 있는 실로 엄청난 말이다. 그의 자유로운 표현 비결은 바로 여 기에 있을 것이다.

아무리 형식이나 이론을 많이 배워도 그 형식 이면에 감춰진 진수를 얼마나 이끌어내느냐에 따라서 큰 차이가 생긴다. 물론 뭐든 초심자일 때는 형식을 많이 배운다. 형식대로 하는 것도 쉽지 않다. 하지만 점차 형식에서 본질을 받아들이고 세부적인 것을 버릴 수 있게 된다. 지엽적인 것에 사로잡히지 않고 몸통인 진수를 알려는 마음으로 배움을 이어가야 한다.

지하 수맥까지 도달한 사람은 시대와 전문성을 초월하는 어떤 공통점을 가진다. 따라서 화가든 시인이든 철학자든 지하 수맥에서 물을 길어 올린 사람은 하나같이 같은 말을 한다. 나는 이 강의에서 여러 장르에서 활약하는 사람들의 말을 자료로 사용하였다. 그건 전문가가 얕은 곳에서 길어 올린 빨간·초록 물 같은 기술보다는 시인의 시구 한 소절이 훨씬 본질을 말하기 때문이다.

지하 수맥에서 길어 올린, 그 깊은 곳에서 나온 말은 매우 간결하고 알기 쉽다는 특징이 있다. 평이한 말을 사용하면서도 밀도가 높다. 반대로 내용이 옅은 것일수록 난해하다. 울타리 안에 있는 사람에게만 통한다. 그 말을 읽거나 듣는 울타리 밖 사람은 '내가 바보인가'라고 생각하게 된다. 하지만 대부분은 착각이다.

정말로 잘 아는 사람은 그 사물을 충분히 음미하였기에 쉬운 말로 자유로이 이야기하거나 쓸 수 있다. 게다가 진수를 알고 있기에 형식에서도 자유로워 여러 예를 이용하기도 하고 다른 분야의 것과 관련 지을 수도 있다.

제9강

좁은 길
소수파로 산다는 것

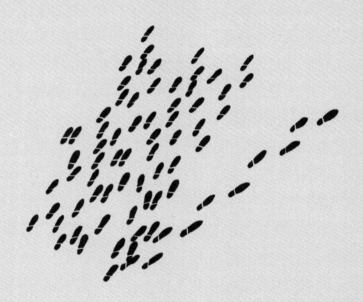

만일 모든 인간이 동일한 병을 앓는데 오직 자신만 병에 걸리지 않았다면 그 사람은 어떻게 생각할까? 아마도 '내가 이상하다'는 생각에서 그 자신도 모두와 같은 '정상'이 되기를 바랄 것이다.

많은 사람들이 속한 쪽을 다수파, 여기에 속하지 않은 쪽을 소수파라고 말한다. 대부분 의뢰인이 느끼는 고통은 자신이 가진 어떤 자질이 소수파에 속할 때 생겨난다. 그들이 느끼는 다양한 위화감은 다수파에 속한 대다수 사람들이 전혀 깨닫지 못하는 것을 민감하게 받아들이기 때문이다.

모이어스 지금 이 경험의 근원을 무너뜨리고 있는 것은 무엇입니까?

캠벨 다수결 원칙은 정치뿐 아니라 사상의 영역에서도 유효하다고 단정하는 민주주의의 성격입니다. 말할 나위도 없이, 사고에 관해서는 다수파가 늘 틀립니다.

모이어스 늘 틀리다고요?

캠벨 이런 종류의 일은 그렇습니다. 정신에 관해서는 말이죠. 다수파는 의
식주나 아이, 재산 따위를 초월한 체험을 한 사람들의 말에 귀를 기울
이고 마음을 열기 위해 노력해야 합니다.

조지프 캠벨·빌 모이어스 《신화의 힘》 중에서

조지프 캠벨이라는 신화학자의 인터뷰다. 그는 다양한 신화의 밑
바닥에 흐르는 '지하 수맥'을 추출하여 알기 쉽게 설명한 신화학자
로, 그의 저서는 융 학파나 할리우드 영화 제작자들에게도 강한 영향
을 미쳤다.

여기서 '말할 나위도 없이, 사고에 관해서는 다수파가 늘 틀리다'고
단언한 것은 통쾌하면서도 매우 중요한 지적이다. 우리는 민주주의의
다수결 원칙이 하나의 방편에 지나지 않는다는 사실을 자주 잊는다.
다수나 소수라는 것이 결코 사물의 가치를 측정하는 기준이 될 수
없음을 분명히 알아야 한다.

현대는 마케팅 원리가 지배하는 시대이기에 다수의 사람들에게 팔
리는 것이 가치 있다고 생각하는 경향이 있다. 그래서인지 때론 가볍
고 경박한 것이 근엄한 얼굴을 하기도 한다. 이런 상황에서는 사물의
본질을 민감하게 느끼는 사람일수록 여러 곳에서 위화감을 느낄 것
이고, 그 때문에 자신을 어느 사이엔가 소수파로 규정해버리는 것일
지 모른다.

소수파 문제를 생각할 때 예로 들 수 있는 가장 일반적인 이야기로

는 안데르센의 《미운 오리 새끼》를 꼽을 수 있다.

오리 새끼들 사이에서 자란 주인공은 남들과 다른 외모를 가진 자신에게 스스로 '미운 오리 새끼'라는 꼬리표를 붙인다. 그는 열등감을 느끼며 이렇게 생각한다. '나는 이상해. 다른 아이들보다 못생겼어.' 그런데 성장한 뒤에 자신이 오리가 아닌 백조 새끼라는 사실을 알게 된다.

이 이야기는 '소수파이기에 열등하다'는 잘못된 확신을 바로잡아주는 가장 중요한 비유를 제공한다. 오리에게는 유감스럽지만, 이야기 마지막에 주인공이 오리보다 크고 아름다운 백조가 되는 장면이 중요한 포인트다. 실제 소수파로 고통받던 의뢰인이 훗날 백조로 변모하듯 엄청난 변화를 이뤄내는 모습을 수없이 봐온 내게는 특별히 더 그렇다.

유니콘의 뿔

이 책을 시작하며 처음 인용했던 《유리동물원》에서는 소수파의 상징이던 '유니콘의 뿔'이 부러지고 만다. 그것은 로라의 모델이던 로즈가 로보토미를 받고 폐인처럼 되어버렸다는 것을 상징하기도 한다.

1강에서는 이상/정상이라는 시점에 대해 문제를 제기했는데, 이 같은 문제는 소수파/다수파에 대해서도 말할 수 있고 부적응/적응에 대해서도 말할 수 있다.

어떤 사람이든 반드시 그 사람 나름의 민감한 안테나를 가지고 있다. 그 민감함 때문에 물러지거나 약해지기도 한다. 그런데 스스로 자신의 안테나가 '다른 사람들과 달라 좋지 않다'고 생각하면 애써 그것을 감추고 사용하지 않게 된다. 사용하지 않으니 당연히 단련되지 않는다. 그렇다고 그 안테나가 완전히 사라지는 것도 아니라서 결과적으로는 어정쩡하게 민감하고 소심한 상태가 되어 오히려 그 사람 자체를 약하게 만든다.

어른이 돼서 당황해도 좋다
어색한 인사 추하게 빨개진다
실어증 매끄럽지 못한 몸놀림
아이의 장난에조차 상처입는다
맛없는 생굴 같은 감수성
그것들을 단련할 필요는 조금도 없었다
나이가 들어도 막 피어난 장미 부드럽게
밖을 향해 벌어지는 것조차 어렵다
온갖 일
모든 좋은 일의 중심에는
흔들리고 약한 안테나가 숨어 있다 틀림없이

이바라키 노리코 《여자의 말》 '이어받다' 중에서

이바라키 노리코의 '이어받다'라는 시의 일부를 인용한 것이다. '흔들리고 약한 안테나'가 '모든 좋은 일의 중심'에 있다는 것. 이 안테나를 좋지 않다고 생각하여 잘못 갈고닦으면 '유니콘의 뿔'은 부러지고 만다.

좁은 길로 간다

이 문제를 생각할 때 나는 그림 9-1 같은 이미지를 머릿속에 떠올린다.

넓은 길을 가는 것이 다수파이고, 소수파에 속하는 사람들은 어딘가에서 넓은 길을 벗어난다.

그림 9-1 다수파와 소수파

"내 앞에 길은 없다. 내 뒤로 길이 만들어진다." 조각가이자 시인인 다카무라 고타로의 말이다. 그의 말처럼 길이 나지 않는 곳을 간다. 좁은 길, 겨우 한 사람이 지날 수 있는 길이다. 이곳에는 장해물이 놓여 있기도 하고, 어느 쪽으로 가야 할지 무엇을 해야 할지 스스로 하나하나 선택하면서 나아가야만 한다. 이것이 소수파가 걷는 길이다.

한편 다수파의 넓은 길에서는 '모두와 함께 간다. 다들 하니까 나도 하면 된다.'고 생각하며 스스로 판단하지 않는다. 그 길이 어디로 향하는지도 모른다. 자신의 인생에 책임을 지지 않으니 자신의 인생이 될 수도 없다.

스스로 결의하고 넓은 길을 벗어나 좁은 길을 선택한 사람은 다카무라 고타로처럼 단호히 말할 수 있다. 하지만 '문득 정신을 차리고 보니 나도 모르는 사이에 모두를 놓쳐버린' 사람은 당황하여 병원에 찾아와 상담한다. 그럴 때 '넓은 길로 돌아가는 것이 해결책은 아니다.'라고 분명히 전할 수 있을까. 그를 위해서는 치료사 자신도 소수파의 좁은 길을 걸어야 한다. 큰 강을 앞에 두고 치료사가 '책에는 뛰어들어야 한다고 적혀 있으니 다이빙해보세요.'라고 말한들 의뢰인은 결코 뛰어들지 않는다. 하지만 자신이 다이빙하는 모습을 보여주고 맞은편 강가에 도달하여 '괜찮으니 어서 오세요.'라고 말하면 의뢰인도 뛰어든다.

다수파의 넓은 길은 자연스럽지 못하고 갑갑하다. 인간은 각자 독특한 존재다. 본디 만 명의 사람이 있다면 길이 나지 않은 만 개의 길이 존재한다. 그러니 많은 사람들이 걷는 넓은 길이 존재한다는 것 자체가 지극히 부자연스럽다.

넓은 길을 걷는다는 것은 여러 가지를 포기하거나 느끼지 않도록 마비된 상태, 거세된 상태에서 걷는 것이다. 그렇게라도 하지 않으면 고통으로 인해 단 한 걸음도 나아갈 수 없다. 그런데도 왜 많은 사람들이 그곳을 걷고자 하는 것일까? 누구든 자유롭고 싶을 텐데 말이다. 이 이상한 현상에 대하여 에리히 프롬은 《자유로부터의 도피》라는 책 한 권에 걸쳐 자세히 논하고 있다. 여기서 그 내용을 핵심만 정리하면 이렇다.

자유라는 것은 어떤 지침도 없고 그 좁은 길이 옳은지 물어도 답이 없기 때문에 자신의 판단 외에 의지할 것이 없다. 매뉴얼도 없고 타인과 비교할 수도 없고 전례도 없다. 이것이 자유의 어려움이다. 대부분의 사람은 이 리스크를 너무도 두려워한다. 그에 비해 넓은 길은 비록 자유롭지는 못해도 안전하다. 이것이 사람들을 넓은 길로 끌어들이는 최대 이유일 것이다.

넓은 길로 걷는 사람들은 반드시 도당을 형성한다. 그들은 무의식적으로 부자연스러움과 갑갑함을 안고 있어 어떻게든 그것을 지우고 싶어 한다. 그러지 않으면 그들이 걷는 넓은 길이 잘못되었다는 사실이 드러나기 때문이다. 지워 없애기 위해서는 우물가 쑥덕공론처럼 도당을 만드는 것이 가장 손쉽다. '그렇지? 우리는 옳지. 그 사람은 좀 이상하지.'라는 말로 넓은 길을 벗어난 사람을 가십거리로 삼아 자신들을 정당화하고 안심한다. 세상에 넘치는 와이드 쇼나 가십 주간지는 그런 사람들의 열렬한 요구가 있기에 성립된다. 넓은 길을 가는 사람들에게 '남의 불행은 꿀맛'이다. 자신이 행복하면 본디 그런 것은 보고 싶지도 않다. 아니, 오히려 딱하다는 생각에 불쾌할 것이다. 넓은 길을 걷는 수많은 사람이 있는 한 도당은 사라지지 않는다.

메멘토 모리

넓은 길에 있는 '안전'이란 도대체 무엇인가? 그것은 일종의 환상에 지나지 않는다. 인간은 결코 무리를 지어 죽을 수 없고, 동반자살을 한다고 해도 죽음은 역시 개인적인 것이다.

죽음이 눈앞에 다가왔을 때, 자신의 생이 자연스럽지 못하다고 느낀다면 아마 엄청난 후회가 몰려올 것이다. 물론 어느 누구든 죽음은 상상할 수밖에 없다. 하지만 죽음이라는 문제를 똑바로 응시하고 살았는지 여부는 마지막 순간에 매우 큰 차이를 낳을 것이다. 실패든 성공이든 자기다운 인생을 살았다면 납득이 가는 죽음을 맞이할 수 있을 것이다.

메멘토 모리(memento mori)는 라틴어로 '죽음을 기억하라', '죽음을 잊지 마라'는 의미다. 죽음이 곁에 있을 때 자신의 삶이 진짜인지 가짜인지 분명해진다. 그러니 잘 살기 위해서는 언제나 죽음을 잊어선 안 된다는 의미를 담고 있는 잠언이다.

고대 로마의 철학가 마르쿠스 아우렐리우스가 한 말도 메멘토 모리 그 자체다.

1만 년이나 영원히 살아갈 수 있는 자처럼 행동하지 마라. (죽음의) 운명은 이미 다가와 있다.

마르쿠스 아우렐리우스 《명상록》 중에서

또 시인 옥타비오 파스는 이런 말을 했다.

그러나 죽음은 우리와 분리될 수 없다. 죽음은 우리 밖에 있는 것이 아니고 우리 자신이다. 산다는 것은 죽는다는 것이다. 그리고 생명을 가진 것은 모두 죽는 것처럼, 죽음이 우리 밖에 있는 어떤 것이 아니고 삶 자체에 포함되어 있다는 바로 그 이유 때문에, 죽음은 부정적인 것이 아니다. 죽음은 인간 삶의 결핍이 아니라, 반대로 삶을 완성시킨다. 산다는 것은 앞으로 향해 나아가는 것, 낯선 것을 향해 전진하는 것이며 이러한 전진은 우리 자신을 만나러 가는 것이다. 그러므로 산다는 것은 죽음을 직시하는 것이다. 이렇게 죽음을 정면으로 바라보는 것, 끊임없이 우리 자신으로부터 벗어나 낯선 것을 만나는 것은 긍정적이다.

(……)

현대 세계에서 매우 빈번한 군중 속의 고독 또한 이런 상황에 포함된다. 처음에 그는 군중과 떨어져 있다고 느낀다. 군중들의 행위가 무분별하고 기계적인 행동으로 전락하는 것을 바라보면서, 그는 자신의 의식 속으로 도피한다. 그러나 의식은 갈라지고 그에게 심연을 드러낸다. 그 또한 전락하고 죽음을 향하여 표류한다. 그럼에도 불구하고, 이러한 모든 상태에는 일종의 주기적인 조수의 흐름이 있다. 인간 하찮음의 드러남은 존재의 드러남으로 변한다. 죽음과 삶, 우리는 살면서 죽고, 죽으면서 산다.

옥타비오 파스 《활과 리라》 중에서

이 문장은 그야말로 메멘토 모리 그 자체다. 그리고 후반부에서는 사람이 어떻게 다수파에서 벗어나 소수파로서 '고독'을 자각하고 죽음과 마주하는지, 거기서 '허무성의 계시'가 '존재의 계시'로 바뀌어 어떻게 진정으로 살아가기 시작하는지 그 일련의 과정까지 서술한다.

파스칼은 사람이 왜 죽음을 외면하고 자기 기만적으로 살아가는지에 대해 야유하듯이 이런 말을 남겼다.

변덕스러운 것.
죽음에 대해 생각하지 않고서 죽음을 받아들이는 것이, 그 위험을 개의치 않고 죽음을 생각하는 것보다 쉽다.

이들 비참한 일에도 불구하고 인간은 행복하길 원하고 또 행복하기만을 바란다. 그리고 행복하기를 바라지 않고는 견디지 못한다.
그러나 어떻게 할 것인가. 진정 행복하기 위해서는 죽지 않고 영원히 살 수 있어야 한다. 그러나 그럴 수 없기 때문에 그런 것을 생각하지 않기로 했다.

파스칼 《팡세》 중에서

2006년에 100세를 맞이한 부토 댄스의 창시자 오노 가즈오는 이런 말을 했다.

어느 시점에 이르면 죽음과 삶이 하나가 된다. 지금 살아있다고 생각했는데 어느 순간 죽음이 있는 곳까지 이른다. 늘 내가 말하듯, 꽃을 보면 아름답다고 생각한다. 그러면, 죽음의 세계로 향하는 계단을 내려간다. 꽃의 세계는 곧 죽음의 세계다. 꽃을 본다. 영혼이 교감하고 육체가 하나가 되고 자신이 살아있음을 잊는다. 죽음, 그 속에서 춤을 춘다. 어떤 때는 죽음의 세계에서, 문득 정신을 차리면 삶의 세계에서. 그렇게 죽음과 삶을 오간다.

표류하는 용기가 죽음과 삶을 등지고서. 언어가 아닌 당신이 내뿜는 빛이다. 우주와의 그런 관계 속에서 당신은 사방치기 놀이를 한다.

……앞으로 한 걸음 내딛으면, 육체가 소멸한다. 죽어버린다. 그 뒤로는 유령 춤, 유령 춤, 귀신이 된다. 육체가 춤출 수 없기에 유령 춤이 되는 것인가. 너무도 아름답기에, 아름다워서 육체를 잊는다. 죽은 뒤에도 나는 유령 춤을 추고 싶다.

오노 가즈오 《연습의 말》 중에서

오노 가즈오의 말에 의하면 우리는 이미 생과 죽음의 구별이라는 것을 초월한다. 살아있는지, 죽어있는지, 그런 육체의 문제는 영혼이나 우주, 그리고 춤이나 '사방치기 놀이'로 보면 정말 아무래도 좋은 것이다. 죽음을 보지 않기 위해 매일 방황하는 다수파에 비하면 이 얼마나 크나큰 영혼인가.

자상 행위의 의의

의뢰인이 '죽고 싶다'고 말할 때, 그 사람이 왜 죽고 싶어 하는지를 살피다 보면 반드시 발견하게 되는 모습이 있다. 자신도 모르는 사이에 좁다란 오솔길에 접어든 경우다. 의뢰인은 좁은 길에서 헤매다 짓이겨진 상태다.

다른 하나는 모두와 함께 넓은 길을 걷고 있었는데 어느 날 불현듯 그 부자연스러움이 마음속에 공허함을 낳은 경우다. '산다는 것이 이런 것이라면 사는 게 시시하다. 이것으로 충분하니 죽자.' 10대, 20대에 이렇게 느끼는 사람이 꽤 있다. 이런 사람은 민감한 안테나를 가지고 있어 홀로 공허함이나 부자연스러움을 감지했기 때문에 막다른 곳에 내몰린 것이라고 볼 수 있다.

'죽고 싶다'는 것은 사람의 내면 깊이 갇혀 있는 '진짜 자신'이 질식할 것 같아 더는 이렇게 살기 싫다고 말하는 것이다. 그런 상태에서 자신도 모르게 메멘토 모리 의식을 행하기도 한다. 그것이 바로 자상 행위다.

손목을 긋는 행위는 죽음 그 자체를 원하는 것과는 조금 다르다. 그렇다면 왜 그런 행동을 하는가? 그것은 통증을 느끼거나 피를 봄으로써 죽음이라는 것에 좀 더 다가가 자신의 신체나 생명을 재확인하기 위해서다. 대부분 자상 행위를 한 직후에 마음이 홀가분해졌다고 말하는 것은 메멘토 모리에 의해 조금은 살아갈 힘이 회복되었기 때문이다.

단순히 '손목을 그어서는 안 된다'고 금지하는 것만으로는 자상 행위를 멈출 수 없다. 그 행위에서도 어떤 종류의 자기 치료가 이뤄지고 있기 때문이다. 이 같은 상황에서 치료사에게 가장 중요한 것은 자상 행위를 자기 치료의 몸부림으로 보는 눈을 갖는 것이다. 자상 행위를 비난하거나 금지하는 것이 아니라 '진짜 자신'을 소생시키기 위한 다른 길을 찾을 수 있도록 도와야 한다.

죽음에 다가가는 인간

그런 시점에서 보면 인간사의 많은 부분에서 '이것은 메멘토 모리를 한 것이구나.' 하고 이해하게 된다.

예컨대 카레이싱. 의무적으로 해야 하는 일도 아닌데 많은 사람들이 카레이서가 되길 원하고, 언제 죽을지 모르는 일에 모든 것을 건다. 늘 죽음의 곁에 있음으로써 삶을 정화하고 확인하는 것이다.

스카이다이빙도 같은 맥락에서 이해할 수 있다. 높은 상공에서 뛰어내려 죽음에 다가가고, 낙하산 줄을 당겨 스스로 생으로 돌아온다.

그리고 전쟁. 전쟁이 끝날 때마다 누구나 '이런 비참한 일은 절대 또다시 일어나선 안 된다.'고 생각한다. 그럼에도 전쟁의 역사는 반복된다. 왜? 전쟁터는 메멘토 모리의 장소다. 수많은 죽음이 살아남은 생을 더 빛나게 만든다.

전쟁을 벌이는 국가에서는 대다수의 사람이 넓은 길을 걷는 법이다. 미적지근하게 살아가는, 생의 실감이 빈곤한 상태에서 정의라는 이름의 대의명분이 등장하여 '우리가 침략당하지 않도록 먼저 선제공격을 하자.'는 말이 나돈다. 그러면 전쟁을 반대했던 사람까지도 가슴 깊은 곳에서 꿈틀대는 무엇인가에 자극을 받고 '평화를 위해서! 전쟁을 없애기 위한 전쟁!'이라는 슬로건을 앞세우기도 한다. 그것이 전쟁이다.

좁은 길에서는 개인이 살아가는 것 자체가 메멘토 모리라서 국민 대다수가 하나의 이데올로기나 분위기에 지배당하고 휩쓸리는 일은 일어나지 않는다. 각자 자신이 살아있는 존재로서 내일 죽을지도 모른다는 자각과 긴박감이 있기에 어느 누구도 일부러 전쟁을 하려고 하지 않는다. 진정한 평화를 실현시키기 위해서는 한 사람 한 사람이 좁은 길을 걷는 소수파가 되어야 하지 않을까?

또한 TV 드라마나 영화에서 주인공이 불치병에 걸리거나 죽는 스토리가 많은 것도 메멘토 모리의 작용이 아닐까.

타이타닉호가 바닷물 속으로 침몰하고 있다. 침몰 직전에 등장인물 각각의 인생 총결산이 이뤄진다. 그 과정에서 보통은 보이지 않던 그 사람의 진실한 모습이 드러난다. 극장 안의 관객은 모의 체험을 통해 각자의 메멘토 모리를 겪고 한순간 잊고 있던 것을 떠올린다. 여기에 감동이 있다.

공황장애의 메시지

어떤 자극에 의해 '마음'에서 메멘토 모리가 자동적으로 일어나는 병태가 바로 공황장애다.

특징적으로 공황발작이라는 증상이 일어나며, 이것은 '지금 당장 죽을 것 같다'는 강렬한 불안 발작이다. 바로 이 느낌에 이 병태를 해결할 열쇠가 있다.

공황발작이 시작되면 본인의 의지와 상관 없이 죽음이라는 것에 직면한다. 자동적이고 수동적으로 이뤄지는 메멘토 모리다.

공황장애를 이해하고 해결하기 위해서는 이 사람에게 왜 이 발작이 필요했는가?라는 식으로 접근해보아야 한다. 그러면 이 사람이 어느 사이엔가 '진짜 자신'에게서 멀어진 삶을 살고 있었다는 것이 분명해진다. '조만간 하면 돼', '이건 진짜 내 모습이 아니지만 일단 이렇게 하자'라며 어딘가에서 얼버무리듯이 매일을 살고, 가장 그 사람다운 부분이 뒷전으로 밀려났음이 밝혀진다.

그럴 때는 '내일 죽는다면 당신은 무엇을 남기겠는가? 오늘 하루를 어떤 식으로 지내고 싶은가?'라고 질문해본다. 그러면 불현듯 무언가를 떠올린다. 그런 대화를 나누다보면 뒷전으로 밀린 것의 전모가 서서히 밝혀진다.

공황발작은 지하철이나 비행기 안에서 더 쉽게 일어난다. 폐쇄적이고 답답한 공간에서 '진짜 자신'이 이중으로 답답함을 느끼기 때문이다. 비행기, 고속버스, 지하철 등에서는 내리고 싶어도 곧바로 내릴 수 없기 때문에 더욱더 그렇다. 의외로 택시가 괜찮은 이유는 언제든 내리고 싶을 때에 내릴 수 있다고 생각하기 때문이다.

불면의 밤

불면은 어느 병태에서든 일어날 수 있는 대중적인 증상이다. 그런데 '자지 않는다'와 '잘 수 없다'의 차이는 무엇일까? 또 불면은 대체 어떤 메시지를 우리에게 주는 것일까?

본래 잠이라는 것은 '몸'에 자연히 찾아오는 것으로 '머리'의 의지력으로 어쩔 수 있는 것이 아니다. 따라서 '잠들지 않겠다'고 생각할수록 오히려 눈이 감기고, '자야 된다'고 생각할수록 눈이 말똥말똥해진다. '머리'의 주제 넘는 제어에 대해 '몸'이 고집스럽게 반발하기 때문이다.

엄밀히 말해 잘 수 없는 것을 고통으로 여기는 것 자체가 '머리'가 '몸'을 제어할 수 있다고 생각한다는 반증이다. 4강에서도 다뤘지만 일단 몇 시간 자야 한다거나 매일 몇 시에는 잠자리에 들어야 한다고 생각하는 것 자체가 '몸'의 자연에 반하는 것이다. 오히려 '졸리면 자자'거나 '잠이 안 오니 억지로 자지 말자'고 생각하는 사람이 자연스러운 수면을 맞이하기 쉽다.

이 불면이 전하는 메시지란 무엇일까?

이것은 오랫동안 내게 의문이었다. 그런데 불현듯 '매일 밤 자는 것은 매일 죽는 일'이라는 생각에 이르러 겨우 해독의 실마리를 잡았다. 그런 식으로 생각해보면 불면이란 '죽으려 해도 죽을 수 없는 상태'다. 그것은 삶을 끝낼 마음의 준비가 되어 있지 않다는 것이고 '오늘 하루를 살아냈다는 감흥이 없어' 미련이 남아 있음을 나타낸다.

이처럼 생각한 이후, 의뢰인에게 하루의 마지막에 잠들지 못한다면 '잠깐이라도 좋으니 자기다운 시간을 보내도록' 권했다.

'자기다운 시간'의 내용은 사람에 따라서 천차만별이다. 책을 읽는 사람이 있는가 하면 음악을 듣는 사람도 있다. 몸을 움직이거나 일기를 쓸 수도 있다. 여하튼 잠깐의 시간일지라도 그 사람다운 충실감을 맛보게 되면 신기하게도 졸음이 자연스럽게 찾아온다.

'몸을 움직이면 피로해져 잠을 자게 된다'며 운동을 권하는 사람이 있는데 이것은 운동이 '그 사람다운 시간을 보내는 방식'인 경우에 한하여 유효하다. 독서 타입인 사람은 운동을 해도 당연히 헛수고로 끝나버린다.

사족이지만, 잠을 죽음과 동질의 것으로 보는 시점은 문호 괴테나 인지학을 제창한 사상가 루돌프 슈타이너도 그러했으며, 꽤 흥미로운 부합이라고 생각한다.

나선형 인생

자신을 추구하고 자신을 놓다

나츠메 소세키의 '자기 본위'

이때 나는 비로소 나를 구할 방도가 '문학이란 어떤 것일까' 하는 개념을 근본적으로 내 힘으로 만들어내는 것밖에 없음을 깨달았다. 지금까지는 완전히 타인 본위로, 뿌리 없는 부평초처럼 그 부근을 아무렇게나 떠돌고 있었으니 모두 허사였다는 사실을 겨우 깨달았다. 내가 여기서 타인 본위라고 한 말은 자신이 마실 술을 타인에게 내어주고 품평을 듣고는 이치가 맞든 안 맞든 곧이곧대로 받아들이는, 소위 남을 흉내 내는 것을 말한다. 이렇게 말하면 누가 그렇게 남을 흉내 내냐며 어처구니없어 할지 모르지만, 사실 결코 그렇지 않다. 유행하는 베르그송이나 오이켄도 저쪽 사람들이 이러쿵저러쿵 한마디씩 하는 것을 보고 일본인도 그 분위기에 휩쓸려 떠들어댄 것이다. 더구나 그 무렵에는 서양인이 말하는 것이라면 뭐든 맹종하고 거만하게 굴었다. 무턱대고 외래어를 늘어놓는 사람은 예외 없이 모두 그러했다. 다른 사람을 험담하는 게 아니다. 바로 내가 그랬다. (……) 결국 그대로 받아들였다고 해도 좋고, 또 기계적인 지식이라고 해도 좋고, 도저히 내 소유나 피와 살이라 할 수 없는 어색한 것을 내 것인 양 말하고 다녔다. 그런데도 시대가 시대인지라 모든 사람이 그것을 칭찬했다.

그러나 아무리 칭찬받아도 본디 다른 사람에게 빌려와 입은 옷이라 긴장되고 내심 불안했다. 손쉽게 공작의 깃털을 몸에 두르고 거만하게 구는 것 같았다. 화려함을 거두고 내실을 기하지 않으면 내 속은 아무리 시간이 흘러도 안심할 수 없다는 것을 깨달았다.

(……)

나는 자기 본위라는 말을 내 손에 쥐고 비로소 강해졌다. 네 놈들이 뭐냐 하는 기개가 생겼다. 지금까지 망연자실했던 내게 이 길에서 이렇게 해야만 한다며 이끌어준 것은 사실 이 자기 본위라는 네 글자다.

나츠메 소세키 《나의 개인주의》 중에서

나츠메 소세키는 33세에 영국에서 유학했는데 그 무렵부터 일종의 우울상태에 빠졌다. '타인 본위'였던 소세키는 서구의 개인주의 속에서 짓눌렸던 것이다. 그러나 여기서 말하듯 소세키는 그 이후 '자기 본위'라는 방식을 손에 넣고 그 상태에서 벗어나 문학가로서 강력한 행보를 시작했다.

그를 우울상태로 내몰았던 정체가 '타인 본위'다. '자신이 마실 술을 타인에게 내어주고 품평을 듣고는 이치가 맞든 안 맞든 곧이곧대로 받아들이고 남을 흉내 냈다'는 비유처럼 거기에는 자신이 없다. 2강에서 말한 '0인칭'과 같은 것으로 신경증적인 상태다. 소세키는 고통스럽지만 선물을 받아들였고 마침내 '1인칭'인 자신을 획득했다. 그것이 자기 본위다.

벌거숭이 임금님

사람은 세상에 태어나 부모를 시작으로 '사회'를 접하면서 적응하기 위해 '타자의 시점'이라는 것을 획득한다. 이것은 사회성을 익히는 것으로 이를 훈련하면 '상대의 입장이 되어' 생각할 수 있게 된다. 하지만 '사람들이 어떻게 생각할까?'를 신경 쓰는 경향이나 '타인과 자신을 비교하는 것'으로 이어지기도 한다. 8강에서도 말했지만 문제는 이것에 의해 형성되는 '가짜 자신' 때문에 '진짜 자신'이 차츰 답답함을 느낀다는 데 있다.

안데르센의 '벌거벗은 임금님'을 떠올려보자.

멋 부리기를 좋아하는 임금님이 있었다. 재봉사로 분장한 사기꾼은 '이 세상에서 가장 멋진 옷을 만들어주겠다'며 임금님에게 접근했다. 그런데 이 특별한 옷은 '바보나 지금의 지위에 어울리지 않는 자'에게는 보이지 않는다고 했다. 이 소문은 성 밖 백성들에게도 널리 전해졌다. 드디어 옷이 완성되었지만 어느 누구에게도 그 옷은 보이지 않았다. 하지만 임금님은 그 옷을 입고 성 밖으로 행차를 나갔다. 백성들은 아무것도 걸치지 않은 벌거벗은 임금님을 보면서도 말로는

"참으로 아름다운 옷입니다!"라며 칭찬했다. 그러나 거기에 있던 한 아이가 "그런데 임금님은 벌거벗었잖아!"라고 외쳤다. 그러자 사람들은 손뼉을 치며 "임금님은 벌거숭이다!"라고 놀려댔다. 임금님도 자신이 벌거숭이라는 것을 알고 있었기에 부끄러워 황급히 성으로 도망치듯 돌아왔다.

여러분도 잘 아는 얘기일 텐데 내 나름대로 줄거리를 정리한 것이다. 여기서 아이를 제외한 백성들과 임금님의 말과 행동은 '타인 본위'다. 신경증적인 것이다. 이것을 '신경증성'이라고 하며 자신이 진짜로 느낀 것이나 생각한 것을 억누르고 '타인이 이렇게 생각하기를 원치 않는다', '타인에게 이렇게 보이길 바란다'는 것이 우선시되는 것을 말한다.

이 이야기에서는 남이 자신을 '바보나 지금의 지위에 어울리지 않는 자'라고 생각하지 않길 바라는 신경증성이 사람들을 지배하고 있어 자신의 눈으로 본 것(임금님은 벌거숭이다)이 뒤로 밀려난다. 그들의 내면을 자세히 살펴보면 '내게는 옷이 보이지 않으니 나는 바보일지 모른다'는 강한 불안이 있다. 그 불안은 '그걸 남이 알아차리면 안 되니까 보이는 척하자'고 생각하게 만든다. 그러나 아이가 "임금님은 벌거벗었잖아!"라고 외치는 말에 생각이 바뀌어 일제히 "벌거숭이다!"라고 소리친다. 이처럼 그들의 언행 어디에도 '자신'이 없다.

자, 이 아이가 외친 뒤에 "그런 소리 하면 안 돼! 그럼 모두들 너를 바보로 생각할 거야."라고 부모가 꾸짖는 상황으로 전개되는 것이 우리로서는 사실적이다. 정도의 차이는 있지만 우리는 그렇게 교육받으며 컸고, 꾸짖을 때도 '그런 짓을 했다가는 모두의 비웃음을 살 거야'라거나 '그런 차림을 하면 동네 사람에게 부끄럽다'고 하는 신경증적인 모습을 보인다.

우리는 어릴 적부터 세상에 적응하기 위해서는 이성이라는 도구를 사용하여 자기 제어를 해야 하고, 인간관계를 잘 유지하기 위해서는 배려하는 것이 중요하다고 배워왔다. 그것은 인간이 사회적 동물인 이상 어쩔 수 없다. 문제가 되는 것은 이것이 어디까지나 처세술일 뿐이라는 단서가 전해지지 않을 때다. 특히 신경증적인 사람이 교육이나 훈육을 행하면 처세술을 전하려던 것이 신경증성 자체를 주입하는 결과가 되어버린다.

자신감에 대하여

'스스로에게 자신이 없는데 어떻게 하면 자신감을 가질 수 있을까요?'라는 고민도 자주 듣는다. 이것도 먼저 '자신'이란 무엇인가를 명백히 하지 않으면 진정한 해결에 이르지 못한다.

'자신(自)을 믿는다(信)'라고 쓰는데 여기에는 두 개의 포인트가 있다. 하나는 '믿는다'란 무엇인가. 또 다른 하나는 믿는 대상으로서의 '자신'이란 무엇인가 하는 것이다.

'믿는다'란 본래 어떤 보증서나 근거 없이 이뤄지는 것이다. '믿는다'의 궁극은 '신을 믿는다'는 신앙심일 텐데, 믿는 사람은 신의 존재 증명을 요구하지 않는다. 따라서 만일 '믿는다'에 근거가 붙었다면 그것은 이미 '믿는' 것이 아니다. '자신이 없다'고 말하는 사람에게 '어떻게 하면 자신을 가질 수 있을까?'라고 오히려 질문을 던져보면 '일을 계속할 수 있는 자신이 된다면' 또는 '남에게 인정받는다면' 등 뭔가 근거를 요구하는 답이 돌아온다. 그래서는 자기 바깥에 있는 근거를 믿는 것이기 때문에 사실 '남을 믿는다(他信)'고 말하는 게 좋을지도 모른다.

그렇게 생각해보면 '믿는다'는 것은 '사랑'의 한 가지 표현임을 알 수 있다. '사랑'이나 '믿는다'는 것은 근거나 대가 없이 이뤄지는 '마음'의 작용이다. 반대로 근거를 요구하는 것은 '머리'에서 오는 '욕망'이다.

다른 한 가지 문제는 믿는 대상으로서 '자신'이란 무엇인가 하는 것이다. 이것은 재능이나 실적, 혹은 자격이나 직업, 지위라는 자신의 '속성'일까? 이것들은 모두 '머리'가 기뻐할 만한 사회적 평가일 뿐이다. 그것들은 달리 '믿을' 필요도 없는 보증서 그 자체다. 따라서 그것은 '믿는다'의 대상이 아니다.

3강 마지막에 '마음=몸'을 자연이나 우주와 연결된 것이라 말했는데, 나는 그것을 '믿는' 것이 '자신'이 아닐까 생각한다. 따라서 '자신'의 '자(自)'를 '자연'의 '자(自)'라고 생각해보는 것도 좋지 않을까. 자신(자기 자신)이라는 말에는 아무래도 유한한 한 개인의 이미지가 따른다. 그런 한계가 있는 것을 '믿는다'는 것 자체가 어려운 일이다. 하지만 자연과 연결되는 무한히 열린 자신이라면 '믿는' 것도 가능하지 않을까. 실제로 아이디어가 쏟아지거나 영감이 찾아오거나 화재 현장에서 초인적인 힘을 발휘하는 일은 그런 열린 자신이 있기 때문이 아닐까 생각한다.

마음의 문단속

상담에서 '나는 인간을 믿지 않는다'는 말을 자주 듣는다. 대체로 '인간 따위 어느 누구도 믿지 않는다'고들 한다. '이전에 당신은 인간에 대해 어떻게 생각했는가?'라고 물으면 예외 없이 이전에는 조심성 없이 인간을 곧이곧대로 믿었다는 답을 듣는다.

세상에 존재하는 인간 중에 100퍼센트 성인군자는 없다. 인간이라는 불완전한 존재를 100퍼센트 믿는다면 문제가 일어나는 게 당연하다. 반드시 배신당하게 된다. 그러고 나면 '인간은 100퍼센트 믿을 수 없다'는 태도로 완전히 돌아서게 된다(특히 인격장애인 사람에게는 그런 'All or Nothing' 경향이 현저하다).

무조건 인간을 믿었던 상태라는 것은 현관의 초인종이 딩동 하고 울렸을 때 확인도 하지 않고 문을 열어주는 것이나 마찬가지다. 강도나 외판원이 밀고 들어올 위험성도 있다. 그러다 한 번 심한 일을 당하면 '인간은 믿을 수 없다'며 누가 와도 결코 문을 열려고 하지 않는 것이다.

이런 사람에게는 '마음의 문단속이 중요하다'고 이야기한다. 현관의 초인종이 울리면 반드시 문밖을 확인하고, 괜찮다면 문을 열어 '어서 오세요'라고 맞이하면 된다. 그러나 수상한 사람이라면 굳게 문을 걸어 잠그고 '돌아가세요'라고 말해야 한다.

그런 시점에서 생각해보면 오픈 마인드라거나 '마음을 여는 것이 중요하다'고 말하는 것은 상당히 난폭한 얘기다. 여기서는 '인간을 완전히 신용'했던 이전의 전제에 대해 문제의식을 갖는 것이 중요하다. 분명한 것은 그 사람의 '머리'에 '사람을 의심해서는 안 된다'거나 '먼저 상대의 좋은 점을 보라'는 도덕이 강하게 배어 있다는 점이다.

어떤 인간일지라도 성스러운 부분과 사악한 부분을 모두 가지고 있다. 그러니 인간을 믿는다고 해도 그런 부분까지 믿기는 어렵다. 100퍼센트 믿는다는 것이 아름다운 얘기일지는 몰라도 그것은 상대에게 신과 같은 완벽함을 요구하는 '욕망'과 다름없다. 이 아름다운 가짜 도덕은 그 응달에 두터운 '욕망'을 숨기고 있다.

도덕은 때로 이처럼 아름다운 거짓말을 품고 있다. 그것이 인간의 '머리'로 들어가면 사물을 있는 그대로 보지 못하게 하고 인식을 일그러뜨린다.

낯선 나라에 갔을 때, 거리나 지하철 안에서 이유 없이 자신에게 다가오는 사람을 보면 '소매치기가 아닐까?' 하는 의심부터 하게 된다. 한탄할 일이지만 있는 그대로의 실정을 인정하면 당연히 해야 하는 자기 방어다. 그러나 이런 행동이 결코 모든 사람을 소매치기라고 생각한다는 것은 아니다. 이 사람이 소매치기인지 아닌지를 일일이 파악하는 것뿐이다.

이 '인간 불신' 문제는 인간의 실체 그대로를 인정해야만 해결될 수 있다. 그를 위해서는 '머리' 속에 편중된 도덕이 스며들어 있지는 않은지 세심하게 점검해봐야 한다.

번뇌하는 인간

앞에서 100퍼센트 성인군자는 없다는 이야기를 했다. 이것에 관하여 정토진종의 개조 신란은 '선인(善人)도 왕생할 수 있는데 하물며 악인(惡人)은 말할 것이 있겠는가'라는 말로 심오한 인간관을 표현했다.

악인정기설(惡人正機說)이라는 사상으로 해설하자면 '자비심이 깊은 부처님은 자신의 힘으로 노력하여 선인이 될 수 있는 사람을 구해주시기 때문에 자신의 힘이 부족하여 악인으로 머물러 있는 슬픈 인간도 틀림없이 구해주실 것'이라는 의미다. 전자를 '자력작선(自力作善)'하는 사람, 후자를 '타력본원(他力本願)'하는 사람이라 부른다.

이 말은 결코 단순하지 않다. 이런 식으로도 읽을 수 있기 때문이다. '자신이 선인이 될 수 있다고 믿는 사람도 평생을 바쳐 아무리 노력한들 번뇌가 사라지지 않을 것임을 솔직히 인정하면 부처가 더욱 그 사람을 구원해줄 것'이라고.

이것은 번뇌를 끊어낼 수 없는 인간 존재는 자기기만을 하지 않는 한 '선인'이 될 수 없다는 심오한 인식이다. 이 의미에서 신란은 인간을 '범부'라 불렀다.

'선한 인간이 되자'는 차원의 도덕이 낳는 것은 고작 자기 안의 번뇌를 무시하고(이것을 구카이는 '차정'이라 말했다) 선한 부분만을 '자신'으로 간주하는 인간이다.

병태 수준에 대하여

정신의학에서는 정신적인 장해를 깊이에 따라 분류하며, 이것을 '병태 수준'이라고 말한다. 이것 자체는 전문적인 이야기지만 '자신'을 자신이 어떻게 생각하고 다루는가에 따라 병태 수준이 달라지기도 하니 여기서 잠시 살펴보고자 한다.

그림 10-1은 그림 7-2와 기본적으로는 같아서 큰 사람이 '머리', 작은 사람이 '마음=몸'을 가리킨다.

이것을 앞에서 나온 이야기에 따라 생각하면 큰 사람이 '선', 작은 사람이 '악'이라는 방식으로도 볼 수 있다(이것은 결코 '머리'가 선하고 '마음=몸'이 악하다는 의미가 아니다).

①처럼 자연스러운 상태에서는 큰 사람도 작은 사람도 '자신'을 사이좋게 공동으로 구성하고 있다. 선이기도 하고 악이기도 한 '자신'이다. 신란이 말하는 '범부'로서 악인을 자각할 수 있는 상태에 상응한다.

이어서 신경증 수준이 되면, 사정이 나쁜 경우에 큰 사람이 작은 사람을 안으로 쫓아보낸다. 마치 손님이 찾아왔을 때 아이가 방해가 되면 '네 방에서 놀아라' 하는 것과 같다. '자신의 이 부분은 좋지만

그림 10-1 병태 수준

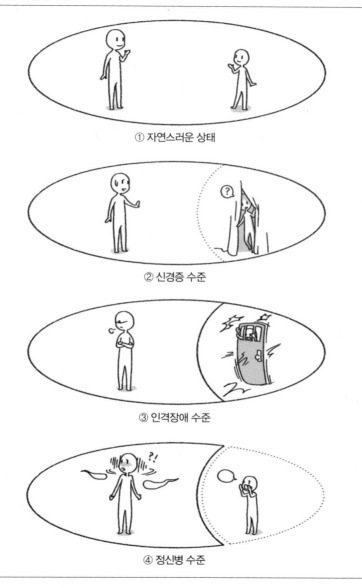

① 자연스러운 상태

② 신경증 수준

③ 인격장애 수준

④ 정신병 수준

여기는 볼썽사나우니 감춘다'는 상태다.

③처럼 인격장애 수준이 되면 큰 사람이 작은 사람을 까닭 없이 미워하고 노예처럼 다룬다. 큰 사람은 작은 사람을 인정하지 않는다. 자기 안의 선한 부분만 인정하고 그 외는 용납하지 않는다. 작은 사람은 집 안에 있지만 언제나 손님방 같은 감옥에 격리되어 있다. 작은 사람은 부당한 취급에 견디지 못하고 때때로 감옥을 부수고 집 안에서 난폭하게 행동한다. 이것이 충동 행동이나 자상 행위에 상응한다.

마지막 정신병 수준에서는 작은 사람은 큰 사람에게 의절당하고 자기 안에 없다. 물론 실제로는 있지만 큰 사람에게 있어 이미 타인이다. 따라서 작은 사람이 큰 사람에게 무언가를 하면 타인에게 당하는 일처럼 느낀다. 이것을 두고 '타자성을 띤다'고 말하며 환각이나 망상은 그런 구조에서 일어난다.

다른 한 가지로 그림 10-2 같은 경우도 있다. 이것은 심인성 건망 즉 기억상실의 경우다. 작은 사람이 큰 사람의 안하무인적인 행동에 반역하여 혁명을 일으키고 큰 사람을 추방하는 데 성공한다. 그러나 여러 과거의 정보도 동시에 추방하는 바람에 기억까지 잃은 상태다. 곤란하기는 해도 정신적으로는 매우 평온하다. 무엇보다 작은 사람에 의한 새로운 국가 설립이 시작된 상태이기 때문이다.

자, 이들 큰 사람·작은 사람 그림으로 나타내려고 한 것은 자기 자신과의 관계에 여러 수준이 있다는 점이다. 진정한 의미에서 자신을 '사랑'한다고 말할 수 있는 것은 ① 상태이고, ②는 때때로 위태롭다. ①이 자연스러운 상태이지만 실제로 현대의 대다수 사람들은 ② 부

그림 10-2 심인성 건망

근에 해당하지 않을까. ③ 상태에서는 자신을 혐오하고 부분적으로 부인한다. ④는 자신을 분단한 조현병(이전에는 정신분열증이라 불렸다) 상태이다.

이들 그림은 여러 가지 장해 개개의 증상이 아니라 모든 증상을 불러일으키는 근원적 문제를 이해하는 데 도움이 될 것이다.

자력과 타력, 주관과 객관

앞의 신란 이야기에서 '자력작선', '타력본원'이라는 말이 나왔는데, 전후 미국에서 불교사상의 계몽에 큰 역할을 한 불교학자 스즈키 다이세츠는 자력과 타력에 대하여 다음과 같이 말한다.

자력이라는 것은 자신이 의식하고 노력하는 것이다. 타력은 자신이 하는 노력으론 이미 더 할 수 없는 데까지 왔을 때 움직인다. 타력은 자력을 다한 데서 나온다. 궁하면 통한다는 말이 이것이다. 노력의 최고점에 이르면, 더는 할 수 없다고 생각하는 시점이 있다. 여기를 돌파하는, 이른바 백척간두의 첫 발을 내딛을 수 있는가 하는 시점. 여하튼 한 발을 내딛는다면 별천지가 펼쳐진다. 그곳에서 자신이 의식하지 못했던 힘이 움직이기 시작한다. 그것을 진종에서는 타력이라 한다. 선종에서는 대사일번(大死一番, 크게 한 번 죽다)이라고 한다. 심리학에서는 심리적 경험이기 때문에 그 지적 입장에서는 달라도 경험 사실로서는 같은 현상이라고 말한다. 진종과 선종이 서로 설명은 다르지만 경험 그 자체를 연구하는 것은 심리학에서 전혀 새로운 일이 아니다. 이것을 의식 아래의 정신 활동에 적용하고 싶다.

심리학도 끝까지 가면 심리를 넘어 다른 세계로 나가지 않으면 안 된다. 심리학이 종교나 철학으로 바뀌어야 한다. 심리학이 궁하여 종교로 통한다고 말해야 할까? 우리가 심리학적으로 이 의미의 바닥의 바닥까지, 안의 안까지 가서 돌파하는 것은 종교적 해석의 영역이 되지 않으면 안 된다. 바닥의 바닥까지 나아가 깨지지 않는 데까지 나아가고, 이윽고 자력을 버린다. 그리고 버린 시점에 자연히 전개되는 천지, 그 천지라는 것 또한 우리들의 객관적인 세계가 아닐까. 혹은 절대 객관이라고 말해야 할까. 객관과 주관, 우리는 심리학과 논리학에서도 이 두 가지를 생각하는데, 주관으로 보는 한쪽의 근원을 다하면 그것이 이윽고 객관으로 보았던 다른 쪽으로 거침없이 나아간다.

스즈키 다이세츠 《선이란 무엇인가》 '심리학에서 본 선' 중에서

이 글에서 매우 흥미로운 것은 자력과 타력의 문제가 그대로 주관

과 객관의 문제로 발전하고 있다는 점이다. 게다가 어느 쪽에 대해서도 '궁하면 통한다'는 나선상의 변화·성숙을 볼 수 있다. 객관적이 되려고 할 때 대개의 사람은 주관을 억누르고 객관적이 되려고 한다. 그러나 이것은 잘못된 것이다.

자주 의뢰인으로부터 다른 곳에서 받은 상담이 '벽을 향해 얘기하는 것 같았다'는 감상을 들을 때가 있다. 이것은 치료사가 객관적·중립적이어야 한다고 교육받아왔기에 생긴 폐해다. 주관을 없애고 객관적이려고 하는 방법은 결코 성공할 수 없다. 이처럼 고작 '벽'이 되는 결론에 다다를 뿐이다. 그것은 객관적이라기보다 비인간적이라고 말하는 것이 맞지 않을까. 구카이가 '차정(遮情)'이라 경고했던 상태에 빠져 있는 것이다.

이 같은 잘못은 주관과 객관에 대한 본질적인 이해가 결여되어서 생긴다. 우선은 주관을 '신뢰성이 결핍된 독선 같은 것'이라고 생각했기 때문이다. 주관은 '마음'에서 온 것으로 '머리'에서 온 객관에 비하여 원래 훨씬 뛰어난 통찰력을 가진다. 주관이라는 것은 충분히 신뢰할 만한 것이다.

그렇다면 '독선'과 신뢰할 만한 주관의 차이는 무엇일까?

이것은 7강의 '자기 멋대로' 이야기와 완전히 같은 구조를 가진다. '자기 멋대로'가 되지 못하는 사람이 '자기 멋대로'였던 것과 마찬가지로, 주관에 철저하지 못하면 편중된 '독선'이 되어버린다. 반대로 주관에 철저하여 주관의 순도가 높으면 높을수록 '독선'이 되지 않고 신뢰성이 높은 인식이 된다.

주관의 순도를 저하시키는 불순물이란 대체 무엇일까? 그것은 다름 아닌 객관이다.

객관이 섞일 때 주관은 흐려진다. 객관은 원래 여러 다양한 주관의 최대 공약수에 지나지 않는다. 타인에게서 다른 의견이 나오지 않을 만큼 무난한 것, 수량화나 용어에 의한 기술이 가능하다는 조건을 갖춘 것만을 객관이라 해도 무방하지 않을까.

이것은 견해에 따라서는 사실 신경증적이다. 인간이라는 복잡한 생명 현상을 이해하는 데 이 같은 방법론으로는 핵심을 파악할 수 없다. '독선'의 폐해는 일어나지 않을지 몰라도 유익한 점도 없다.

객관이라는 개념에 대한 무조건적인 신앙은 과학 기술의 발달 때문이다. 하지만 그 과학에서도 최첨단 양자역학 분야에서는 객관이라는 개념이 엄밀히는 성립할 수 없다는 점을 훨씬 전부터 논증하고 있다.

여기서도 나선상의 사고가 필요하다.

'독선'을 없애기 위해서는 주관을 억제해야 하는 것이 아니다. '차정'이 아니라 '번뇌즉보살'이다. 자기 안에 있는 주관을 오히려 확실히 키우는 것, 그 순도를 높이도록 연마하는 것. 그렇게 하여 순도 높은 주관이 되고 비로소 진정으로 '독선'과 연을 끊는다. 그래야 객관을 능가하고 그 인식은 주객의 구별을 초월하게 된다. 주관을 확실히 키움으로써 주관이나 객관을 모두 초월하여 한 단계 높은 차원의 인식에 도달하는 것, 이것이 나선상의 변화·성숙 과정이다.

주관이라는 것은 당초 '자신', '자기', '자아'라고 말하는 것에 속하며 순도를 높여 어느 지점을 초월했을 때, 이 '자(自)'가 사라진다. 즉 주관의 '주(主)'가 사라지는 것이다. 이처럼 주객을 초월한 인식만이 사물을 있는 그대로 볼 수 있게 한다.

인간의 변화·성숙 단계

이제까지 다양한 측면에서 본 인간의 변화·성숙 과정을 다소 거칠지만 지금까지 사용해온 키워드를 이용하여 총괄적으로 정리해보자. 그림 10-3 나선 위에 각 단계를 기록해보았다.

A. 막 태어난 상태. '진짜 자신'만으로 순수하지만 깨지기 쉽다. '자신'이라는 의식은 아직 없다.

그림 10-3 인간의 변화·성숙 과정

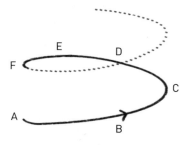

B. 사회 적응을 위해 신경증성이나 '가짜 자신'을 익혀간다. 그러나 때때로 답답함을 느낀 '진짜 자신'이 반발한다. 이른바 반항기다. 필사적으로 '자신'을 획득하려고 한다. 1인칭을 모색한다.

C. 반발의 좌절과 사회에 대한 굴복. '가짜 자신'에 '진짜 자신'이 길들여진다. 사회 적응을 완성하고 어엿한 사회인이 된다. 신경증성의 절정. '타자 본위'. 0인칭. 낙타.

D. '진짜 자신'이 반역을 시작하려고 꿈틀거린다. 자신을 잃어버린 까닭에 고뇌가 생기거나 심신의 부조, 갑작스런 부적응 형태로 신호가 나타난다. '타자 본위'의 막다른 곳.

E. '진짜 자신'에 의한 혁명. 고여 있던 분노의 분출. 1인칭의 실현. 개인주의. '자기 본위'. 자력. 사자.

F. '자신'이라는 1인칭이 사라진다. 자연이나 우연에 몸을 연다. 종교적 의미에서의 0인칭. 타력. 아이. 순수하고 강한 존재. 창조적인 유희.

종래의 발달심리학에서는 C를 목표로 생각했다. 분석심리학을 창시한 융은 그 너머의 과정을 '개성화'라고 하고 중요한 성숙 과정이라고 생각했다. 나는 더 나아가야 한다고 생각한다. 하지만 지금 사회에서는 대부분의 사람이 C점에서 멈춰버린다. 진짜로 살아가기 위해선 그 너머로 나아가 F점에서 '제2의 인생'을 시작해야 하는 것 아닐까.

왜 사는가?

'살아가는 의미를 모르겠다'는 말에 어떻게 대답할 수 있을까?
물론 '이것이 살아가는 의미다'라는 답이 있을 리 없다.

'달마가 서쪽에서 온 까닭은 무엇이오.'
'뜰 앞의 잣나무로다.'

《무문관》중에서

이것은 선문답 중 하나다. '달마선사가 인도에서 중국으로 찾아온 것은 대체 어떤 의도가 있었던 것일까?'라고 제자가 스승인 조주에게 질문했다. 그러자 '뜰 앞의 잣나무'라고 대답했다는 이야기다.

'어떤 의도가 있었던 것일까?'라고 제자가 묻는다. 스승은 그런 제자의 질문에 전혀 답해주지 않는다. 아니, 상대도 하지 않는다. 그것은 제자의 질문이 '왜'였기 때문이다. '왜', '어떤 목적으로', '어떤 의도로'라는 질문 자체가 제자의 방황을 여실히 반영하고 있는 것이다.

본디 '무언가를 위해'라는 의도가 있었다고 생각하고, 그것을 알기 위해 '왜'라고 질문하는 것 자체가 '머리'의 이성 중심 발상이다. '사랑'과 '욕망'의 이야기로 생각해보면 '~을 위해'라고 대가를 기대하고 행한 것은 '욕망'이다. 결국 순수한 '사랑'의 행위에는 '~을 위해'라는 의도 따위가 들어 있지 않다. '왜?'라는 질문에 답할 이유가 존재한다면 그 행위는 '욕망'의 소행이다. 이 선문답은 그런 발상에 대한 혹독한 훈계를 담고 있다.

자, 여기서 조주의 얼핏 빗나간 답은 단순한 훈계일 뿐일까? 여기에는 조주의 생각이 담겨 있다.

뜰 앞의 저 잣나무는 무슨 목적을 가지고 어디에선가 걸어와 일부러 이곳에 뿌리를 내린 것이 아니다. 있어야 하기에 그저 거기에 있고 거기에 있기에 그저 살고 있다. 왜라는 질문은 그런 '있는 그대로' 있는 것에 대해 인위적인 계략이나 목적, 의도, 의미를 멋대로 부여하는 것에 지나지 않는다. 조주의 말에는 이런 의미가 담겨 있다.

그렇게 생각하면 '사는 의미를 알 수 없다'고 한탄하는 사람은 '살아가는 의미나 목적이 없으면 살아있을 수 없다'고 생각한다는 걸 알 수 있다. 분명히 그런 질문을 생각하는 시기도 필요하고 그 시기에는 그런 질문이 중요하다. '나는 ○○가 되고 싶다'거나 '나는 ○○를 위해 산다'는 식으로 인생의 목적을 생각한다.

그런데 그런 생각으로는 어느 순간부터 앞으로 나아가지 못한다. 목적이나 목표라는 것은 일종의 도입일 뿐이라는 것을 깨닫게 된다. 이제까지와는 반대로, 눈에 보이거나 말로 할 수 있는 '목적'을 향해 살아가는 것이 답답하게 느껴진다. 비로소 무언가 큰 '흐름'이 우리를 이끌어주고 있음을 느낀다. 결국 '자기답게 산다'는 것을 쫓는 동안에 주어인 '나'가 사라지고 천명이라고 말할 수 있는 큰 힘이 자신을 움직여 살아간다는 사실을 깨닫게 된다.

3강에서도 나왔던 신학자 에크하르트도 이 점에 대해 같은 말을 하고 있다.

신을 어떤 방법으로 찾는 사람은 그 방법을 손에 넣는 것으로 거기에 감춰진 신을 알 수 없다. 그러나 신을 어떤 방법도 없이 찾는 사람은 신을 있는 그대로의 모습으로 이해한다. 그런 사람은 아이처럼 살아가는 사람으로 결국 생명 그 자체이다. 누군가 생명에게 1000년간 '당신은 왜 사는가'라고 묻는다면 생명은 '나는 살아있기에 살아간다'는 대답밖에 할 수 없을 것이다. 그것은 생명이 생명 자신의 근저에 살며 스스로 풍요로움을 분출하기 때문이다. 그런 까닭에 생명은 자신을 살며 '왜'라는 의문 없이 산다.

《에크하르트 설교집》 '왜라는 물음이 없는 삶을 살기 위하여' 중에서

'나는 살아있기에 산다'고 말하듯이 생명 그 자체에는 본래 의미나 목적은 없다. 이것은 '살아있는 것은 무의미하다'고 한탄하는 허무주의와는 전혀 차원이 다른 것이다. '무의미하다'고 한탄하는 사람은 '의미가 있다'는 기대가 이뤄지지 않아 한탄하는 것이고, 우쭐해하는 이성이 멋대로 '의미'를 구하고 있다는 최초의 큰 잘못을 깨닫지 못하는 것이다.

여기서 '왜라는 물음이 없음'을 강조한 것은 '왜?'라는 물음이 본디 분별에 의한 것임을 분명히 알아야 하기 때문이다.

많은 의뢰인이 '왜?'라는 의문을 가지고 찾아온다. 그들은 주변에 있는 가족이나 친구들에게 '왜?'라고 묻는 것을 꺼려 봉인된 사람들이다. 각종 매뉴얼에 갇혀 수동적으로 그것을 소화하는 데 길들여진 사회에서 '왜?'라는 물음은 매뉴얼 인간에게는 위협과 다름없다. 따라서 아이들은 '그런 억지스러운 것을 생각할 시간이 있다면 공부나

해라'는 말만 계속 듣게 된다. 아이러니하게도 공부란 본래 '왜?'를 추구하는 것이었지만, 지금은 공부라는 것이 그저 암기하고 정보 처리를 한다는 의미를 가지고 있다.

그러나 아무리 금지당하고 봉인당해도 '왜 사는가?' '왜 살아가야 하는가' '왜 죽어서는 안 되는가'라는 질문을 애매하게 얼버무려서는 도저히 앞으로 나아갈 수 없다. 그렇게 느낀 의뢰인이 찾아왔을 때, 우리는 이것을 정면에서 받아들여야 한다. 기존의 도덕적인 설교를 해서는 단순히 도덕이라는 매뉴얼을 참조하여 얼버무리는 데 그치지 않는다. 우선은 우리 자신이 이 같은 '왜?'에 한번 철저히 맞서야 한다. 그리고 '왜'라는 물음이 분별이라는 번뇌에서 온다는 것을 알아야 한다.

철학이나 영혼의 문제를 다루는 자로서, 또 한 인간으로서 이러한 주제는 타인에게 맡길 것이 아니라 시간을 들여서 처음부터 스스로 생각하고 그것을 차곡차곡 쌓아가며 살아가야 하지 않을까.

십우도

선에서 자주 인용하는 십우도에 대해 이야기하며 이 책을 마무리하고 싶다. 앞에서 여러 가지 인간의 변화·성숙 과정을 나름대로 정리해 보았지만, 십우도는 그런 시도 중 완성형으로 옛날부터 오늘날에 이르기까지 전해져오고 있다.

자, 그림 10-4를 보자. 여기서 소는 소위 '깨달음'을 상징한다. 한 젊은이가 산기슭 마을을 출발하여 그 소를 찾아나서는 과정을 그렸다.

① 젊은이가 소를 찾아 나선다.

② 소의 발자국을 발견한다.

③ 겨우 소를 발견했다.

④ 소를 잡는다.

⑤ 소가 얌전히 줄에 묶여 끌려온다.

⑥ 소 등에 올라타 피리를 불면서 즐거운 듯 집으로 돌아간다.

⑦ 소는 그림에서 사라지고 젊은이는 달을 올려다본다.

⑧ 소도 사람도 그림에서 사라지고 없다. 사람도 소도 모두 잊는다. 이것이 흔히 말하는 '원상(圓相)'이다. 거기에는 완전히 아무것도 없다. 하늘이다.

⑨ 강이 흐르고 나무에 꽃이 피어 있다. 단지 그뿐이다.

⑩ 배가 불룩한 노인이 옷을 걸치고 빙그레 웃으며 산기슭 마을에 나타난다(그가 옛날 젊은이라 생각해도 좋고 그렇게 생각하지 않아도 좋다). 산기슭에서 내려와 젊은이와 만난다. 젊은이는 거기서 깊은 영향을 받는다.

나는 열 장의 그림을 굳이 원형으로 배치했는데, 여기에는 의미가 있다. 열 번째 그림에서 노인과 만난 젊은이는 다시 첫 번째 그림에서 여행을 떠나는 젊은이다. 따라서 이것은 원이고, 무한의 나선이다.

그림 10-4 십우도

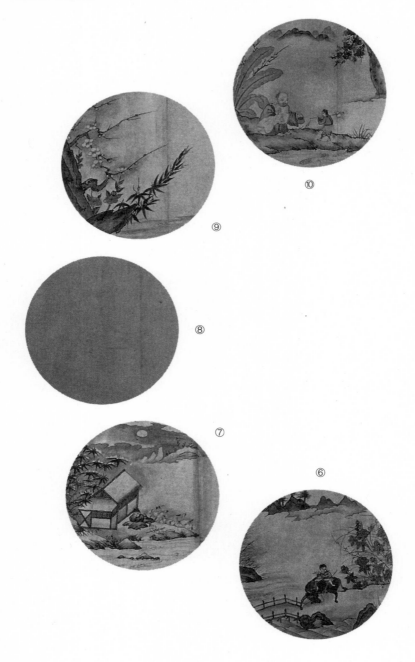

⑩

⑨

⑧

⑦

⑥

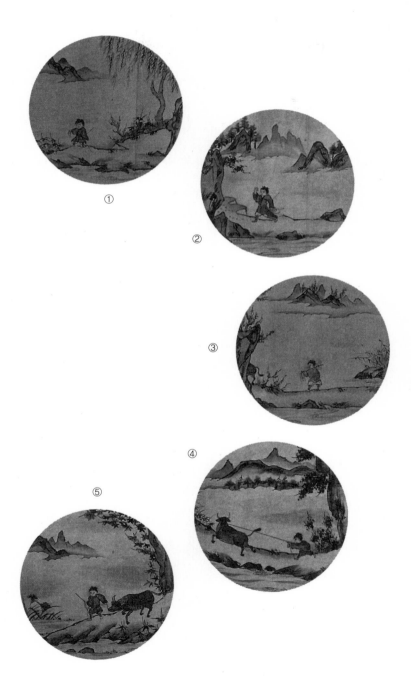

①

②

③

④

⑤

원래 이것은 글로 쓰인 것이 아니라 그림으로 표현된 것이기 때문에 보는 사람이 자유롭게 무엇인가를 느끼면 된다. 그 때문에 그림으로 표현하고 있다. 이번엔 이 소를 '진짜 자신'으로 다시 한 번 바라보자.

① 젊은이는 '진짜 자신'을 잃었다는 사실을 깨달았다. 당황하여 그것을 찾기 시작한다. 그것은 분별·이성 때문에 잃은 것이지만 아직 그는 깨닫지 못한다. 이리저리 찾는 동안에 산속까지 들어왔다.

② 여러 선인의 말씀에 의지하여 발자취를 발견했다.

③ 겨우 '진짜 자신'의 꼬리를 발견했다.

④ 난폭한 소 같은 자기 자신을 잡는 데 악전고투를 하고 온 힘을 다해 묶었다.

⑤ 겨우 '진짜 자신'을 길들였다. 자신이라는 것을 간신히 파악하고 억지로 강요하지 않고 해나갈 수 있게 되었다.

⑥ '머리'와 '마음=몸'이 하나가 되었다. 여유도 생기고 느긋하게 흥겨워하며 집으로 돌아간다.

⑦ 소를 쫓는 일은 '진짜 자신'이 되기 위한 수단이었고 이제까지는 그것을 목적으로 해왔다. 그러나 원래 내가 '진짜 자신'과 '가짜 자신'으로 구분되었던 것은 아니다. 본래의 모습이 되었을 때 '진짜'라는 형용사도 사라지고 그저 하나의 '자신'이 된다.

⑧ 이제 '자신'이라는 주어도 사라진다. 깨달음이나 신앙심, 그 어

떤 것도 말로 표현하거나 의식하는 특별한 것이 아니게 된다. 불교에서 말하는 공(空)이나 무(無)에 상응하는 경지다.

⑨ 그저 있는 그대로의 자연스러운 것. 인간도 초목도 강도 있는 그대로. 공이나 무에 집착하는 것도 없다.

⑩ 아홉 번째 그림에서는 '자연' 그 자체로 일체화했다. 그러나 그곳에서 산기슭으로 돌아간다. 산속 선인으로 끝나는 것이 아니다. 산기슭에서 사람들 앞에 나타난다. 배가 불룩 나왔다. 술을 좋아하는, 성자인지 부랑자인지 구분되지 않는 풍채로 빙그레 웃으며 나타난다. 그를 만난 사람은 결코 훌륭한 말을 들은 것은 아니지만 그 존재에 영향을 받는다. 그에게 영향을 받은 어느 젊은이는 불현듯 자신이 소('진짜 자신')를 잃었다는 사실을 깨닫는다. 그리고 그 젊은이의 여행이 다시 시작된다.

이처럼 십우도를 인간의 변화·성숙 과정으로 바라보면 꽤 흥미로운 함축이 담겨 있다. 지금까지 나는 나선상의 그림이나 니체의 세 가지 변화, '진짜 자신'과 '가짜 자신' 그림을 인용하여 인간의 변화·성숙 과정을 이야기해왔는데, 그 마지막에 이 심오한 열 장의 그림도 덧붙이고 싶었다.

우리가 무엇인가를 탐구할 때 대개는 여섯 번째 그림까지밖에 상상이 미치지 않는 법이다. 십우도가 놀라운 점은 그 이후를 그리고 있다는 점이다. 여기서부터는 '머리'의 논리적인 사고로는 매우 다루기 어려운, 풍부한 깊이가 있는 세계가 펼쳐진다.

지금 시점에서 이것이 이해를 초월한 것이라 해도 꼭 머리 한구석에 담아두자. 우리도 언제인가 이 같은 변화를 '경험'하게 될지도 모르기 때문이다.

내 멋대로 사는 용기

1999년, 나는 정신과 의사 일을 접고 음악을 공부하기 위해 파리로 유학을 떠났다. 일본 사회에서는 의사로서 어느 정도 보장받은 위치에 있던 내가 이국의 일개 유학생이 된 이유는 무엇일까.

'앞으로 나는 어떻게 살아가야 할까? 내게 정신과 의사라는 것은 어떤 의미가 있는 것일까?' 당시 나는 그런 불안과 기대가 혼재된 상태였다. 그리고 내 인생을 '미지의 운명에 맞서 열어보자'는 생각으로 결단을 내렸다. 그것은 오랜 세월 염원했던 '음악에 빠져 지내는 생활'을 한번 해보고 싶다는 희망 때문이기도 했다.

실제로 파리에서의 생활을 시작하고 아무것도 아닌 그저 나, 다소 나이든 동양인 유학생일 뿐이라는 위치가 실로 홀가분하고 기분 좋게 느껴졌다. 그리고 이제까지 내가 느끼고 있던 여러 가지 위화감이나 문제의식이 결코 핵심을 벗어나지 않았다는 것, 일본의 정신 풍토에서 나타나는 신경증성에 대해서는 '역시 그랬구나' 하는 확신도 할 수 있었다.

프랑스에서도 특히 도시를 떠나 지방으로 가보면 경제적으로는 결코 풍요롭지 않아도 인생을 충분히 즐기며 살아가는 사람들이 많았다. 무엇보다 미적인 것이나 인생을 즐기는 것을 우선하는 삶의 태도를 보니 일본인이 이미 오래 전에 잃어버린 소중한 것이 떠올랐다. 일본인은 일을 쉰다는 것에 죄의식을 느끼고, 놀거나 쉬거나 멈춰서는 것에 주저함을 느끼는데 이곳에는 여전히 인간답게 살아가는 방식이 남아 있구나 하고 내심 기뻤던 것일지도 모른다.

일본을 떠났을 때 일부 동료로부터 '무책임하고 자기 멋대로다', '전후 생각도 않고 무턱대고 행동한다'며 매서운 질책을 받았지만, 파리에서는 프랑스인 친구에게 '멈춰서 자신의 인생을 돌아보는 시간을 갖다니 매우 훌륭한 일!'이라며 오히려 칭찬받았다. 이런 데서도 일본과 프랑스의 인생관에 차이가 있다는 것을 상징적으로 느꼈다.

나는 유학 중에 예기치 않은 부탁을 받아 파리의 일본인 학교 교육상담원 일을 맡아보게 되었다. 덕분에 외무성·문부성이 공동 주최하는 프랑스 내의 일본인 학교나 보습 학교 선생님들의 연구회에서 특별 강연을 하고, 일본과 프랑스의 문화나 교육 문제에 대해 현지인들과 이야기를 나눌 기회도 얻었다. 여러 가지 것을 생각할 수 있는 좋은 기회였다.

프랑스에서의 생활은 무슨 일을 하든 번거로운 일들이 많아 불편한 게 한두 가지가 아니었지만 정신적으로는 있는 그대로의 자신으로 지낼 수 있어서 기분이 좋았다. 그곳에서는 타인의 시선을 의식해야 한다는 '신경증적인 분위기'가 존재하지 않았기 때문이다.

오히려 그렇기 때문에 나는 일본에 돌아왔다. 대부분의 일본인이 답답함으로 얼마나 힘겨운 나날을 보내고 있는가. 얼마나 선천적인 귀중한 자질을 죽이고(뿌리를 자르고) 살아가고 있는가. 개인의 삶에 깊이 파고든 일본의 정신 풍토 문제를 직시하고 '신경증적인 분위기' 속에서 '진짜와 가짜', '살아있는 것과 죽어있는 것'을 구분해가는 역할을 부족하나마 맡아야 한다는 분노와 같은 슬픈 감정이 나를 부추겼다.

그런 마음이 이 책의 저변에 일관적으로 흐르고 있다.

나의 강의록이 이 책을 있게 한 계기가 되었는데, 그 강의록은 본디 내가 열었던 정신요법 연구회에 모인 젊은 카운슬러들의 참고서였다. 그러나 이것이 의외로 지인, 친구들이나 작가들에게 호평을 얻었고, 더러는 꼭 출판하라는 권유를 해주어 이렇게 책으로 세상에 나왔다.

일반 독자들도 읽을 수 있도록 원래 원고를 대폭 뜯어고치고 새롭게 떠오른 생각을 덧붙여 거의 새로운 내용이 되었다. 언제나 청중이나 의뢰인 앞에서 즉흥적으로 이야기를 해왔기 때문에 이 책의 집필에는 생각보다 많은 어려움이 있었다. 그러나 원래 강의록이 가졌던 생생한 현장감을 조금이라도 담아낼 수 있어서 기쁘다.

임상심리사 사이고 게이코 씨, 제1통신사 세키네 마사유키 씨, 다나카 히로시 씨가 귀중한 조언을 해주며 온갖 힘을 보태주었다. 다시금 감사의 인사를 드린다.

또한 나를 가르치고 이끌어주신 많은 선생님의 은혜, 그리고 인생의 스승이기도 한 고(故) 곤도 아키히사 선생님에게는 종교적 차원에 이르는 깊은 가르침과 연령을 초월한 우정을 받았다. 여기에서 깊은 감사 인사를 드리고 싶다.

이즈미야 간지

눈물이 나올지도 모르겠습니다만
어쩌면 실마리를 찾을지도
— 마음의 우물을 들여다보는 10편의 심리에세이

초판 1쇄 발행 2018년 7월 2일

지은이 이즈미야 간지
옮긴이 박재현
펴낸곳 (주)인터파크(레드스톤)

주소 경기도 고양시 일산동구 호수로 672 대우메종리브르 611호
전화 070-7569-1490
팩스 02-6455-0285
이메일 redstonekorea@gmail.com

ISBN 979-11-88077-12-0 03180